经典百年海战大观

仁川登陆战

田树珍 ★ 编著

民主与建设出版社
·北京·

© 民主与建设出版社，2023

图书在版编目（CIP）数据

仁川登陆战 / 田树珍编著 . -- 北京：民主与建设出版社，2018.7（2023.4 重印）

（经典百年海战大观）

ISBN 978-7-5139-1998-2

Ⅰ . ①仁… Ⅱ . ①田… Ⅲ . ①美军仁川登陆（1950）—史料 Ⅳ . ① E712.9

中国版本图书馆 CIP 数据核字（2018）第 038770 号

仁川登陆战
RENCHUAN DENGLUZHAN

编　　著	田树珍
责任编辑	彭　现
封面设计	朝圣设计
出版发行	民主与建设出版社有限责任公司
电　　话	（010）59417747　59419778
社　　址	北京市海淀区西三环中路 10 号望海楼 E 座 7 层
邮　　编	100142
印　　刷	湖南汇龙印务有限公司
版　　次	2018 年 7 月第 1 版
印　　次	2023 年 4 月第 2 次印刷
开　　本	710 毫米 ×1000 毫米　1/16
印　　张	15
字　　数	180 千字
书　　号	ISBN 978-7-5139-1998-2
定　　价	39.80 元

注：如有印、装质量问题，请与出版社联系。

前言

大海战 100 年

美国杰出的军事理论家马汉于1890—1905年间提出了制海权理论，其核心是"谁能控制海洋，谁就能控制陆地，进而控制整个世界"。因此，掌握全面制海权不仅是海军的核心任务，更是国家的战略目标，人类近代海战史充分印证了马汉这一理论。

近百年来，以美国、英国、法国、德国、意大利、日本为首的军事强国都在优先发展海上力量。在第一、第二次世界大战及近代几次战争中，这些国家通过海上封锁、破坏对方海上运输线、海上决战等方式，在一定海域内获得了制海权，进而实现了控制相关陆地的战略目的。

这其中，留给我们印象最深刻的是两次世界大战，无论是作战规模、作战样式，还是战争的惨烈程度都是空前的。在这两场战争中，海战这一古老的战争类型，由于使用了新武器、新装备，发生了革命性的变化。当德国的"俾斯麦"号和"提尔皮茨"号、日本的"大和"号和"武藏"号、英国的"威尔士亲王"号等超级战列舰被奉为"海战之王"时，以美国为代表的航空母舰及其战斗群横空出世，在一场场血与火的搏杀中表现出色，为美国最终赢得太平洋战争立下汗马功劳，名正言顺地取代了战列舰成为新的"海上霸主"。同时，随着人类科学技术的不断进步，核潜艇的出现又彻底打破了固有的海战模式，其强大的战略、战术威慑力，使之成为令人生畏的深海杀手。

为了再现近百年的大海战全景，我们精心推出"经典百年海战大观"系列丛书。这套书详细地再现了近百年来海战中的经典战例、著名战舰以及一些鲜为人知的人物故事，共20册，每册讲述一个独立的海战故事，书中涉及日德兰之战、珍珠港之战、珊瑚海之战、中途岛之战、瓜达尔卡纳尔之战、莱特湾之战、马里亚纳群岛之战、围歼"俾斯麦"号战列舰之战等海战史上至今仍然被人们津津乐道的经典战役。

进入21世纪，中国人民解放军海军迅速发展壮大，有力地保卫了祖国海防，但中国海军依然任重道远。要保护我们国家的利益，需要建设强大的海军，需要我们比以往任何时候都更加关注海洋、了解海战的历史。

目 录

第一章
危机！朝鲜半岛

★ 据苏联大使什特科夫和金日成的通报，进攻北方的作战计划已经制订，并将在7月发动进攻。

★ 经过一番考虑，斯大林亲自回电说："我理解金日成同志的不满，但他应当明白，他想对韩国采取如此重大的举措，是需要有充分准备的。这件事必须组织得不冒太大风险。如果他想同我谈此事，那么，我随时准备接见他并同他会谈。请把此事转告金日成并且告诉他，在这件事上我准备帮助他。"

★ 麦克阿瑟坚持乘车穿过川流不息的难民和杂乱无章的士兵，朝北边的汉江开去。当时，汉江仍是横在朝鲜人面前的一道屏障。这次旅行使麦克阿瑟相信丘奇的话是对的：单靠舰艇和飞机是无法挽救局势的，尽管美国海军在海上无与伦比。

★ 朝鲜军队在汉江以南的工业郊区与韩国军队展开了一场短兵相接的战斗。在没有T-34坦克支援的情况下，他们蒙受了惨重的损失。

1. 朝鲜的格局 / 002
2. 金日成的冒险 / 014
3. 杜鲁门决心出兵 / 024
4. 美军的弱点 / 033

第二章
联合国军败退

★第 8 集团军在洛东江上那块不得退却的阵地无从防守，美韩军队也已被迫从东海岸那些小小的港口仓皇登船，逃之夭夭。

★拉锯战慢慢耗掉了第 4 师的精力，T-34 坦克也没能再创奇迹，在美军的"M26 潘兴"式坦克、"F-51 野马"式战斗机的合力攻击下，T-34 坦克连连遭到厄运。战争的天平终于向美军倾斜，朝鲜第 4 师弹尽粮绝，被迫撤出战场。

★朝鲜领导人已经把朝鲜的陆地看作了自己的囊中之物，却完全没有意识到朝鲜半岛三面环水，而美国对这一水域占有绝对的优势！

★麦克阿瑟想从背后进攻，这样既可以避开沿洛东江驻扎的朝鲜军，又可以从侧翼发动进攻。因此，他计划沿着抵抗最小的地域开战。另外，在选择易守难攻、危机四伏的仁川港时，他也选中了敌人最料想不到的地方。

1. 人民军的失误 / 046

2. 艰难的攻防战 / 059

3. 危机重重 / 071

第三章
麦克阿瑟的计划

★麦克阿瑟告诉参谋长们，敌对状态结束之后的任务将是"促成和解，统一朝鲜"，这就可能需要占领整个朝鲜，尽管在当时这只是一种推测。

★麦克阿瑟和华盛顿之间产生了新的危机，这次是关于台湾问题的。杜鲁门极为恼火，甚至认真地考虑要将麦克阿瑟就地免职。

★麦克阿瑟表示，如果在仁川登陆遭到顽强抵抗，他将在现场立即指挥撤退，不会造成重大的人员损失，损失的只是他的个人声誉。

★目前，沃克没有把握能够率第8集团军冲出釜山防御圈。他此刻正处在人民军的包围中，"在堵住他的防线漏洞上已经焦头烂额，无从考虑今后突围的事"。

1. 早就设计的阴谋 / 082
2. 占领朝鲜的野心 / 094
3. 固执的老兵 / 105
4. 争执不下的方案 / 116
5. 美国人的担心 / 129

第四章
最后的胶着

★虽然杜鲁门和约翰逊曾讨论过,并且也认真考虑过要解除麦克阿瑟的职务,但是他并没有在一怒之下就这么做。杜鲁门后来写道,他无意去伤害麦克阿瑟个人。毋庸置疑,正是麦克领导下蓄势待发的仁川登陆才使他罢了手。

★虽然处于食不果腹、敌众我寡的境地,朝鲜士兵仍然发动了攻击。他们在几个地方撕开了缺口,并在9月初通过这些缺口涌入美国和韩国军队的后方。

★麦克阿瑟的精心安排,没有给参谋长联席会议留下任何否决他的计划的余地。直到离部队向海滩发动攻击只有几个小时的时候,麦克阿瑟才把计划送到他们手上。林恩·史密斯中校这位携带仁川行动命令详细内容的特使,直到9月10日早上才从东京动身前往华盛顿。

★随着战线的拉长,朝鲜人民军补给困难的致命缺陷也逐渐显露出来,很多部队的弹药和粮食都得不到及时补给,已经成为典型的"强弩之末"!

1. 模棱两可的指示 / 142
2. 釜山防御圈决战 / 151
3. 折中方案 / 164
4. 挥军仁川港 / 173

第五章
抢滩登陆战

★ 史密斯坚持认为，仁川登陆的困难是在历次登陆作战中前所未有的，潮水、地形之复杂特殊，决定了登陆作战的艰险，只有久经沙场的百战雄兵陆战第5团才能胜任第一波登陆的千钧重担！

★ 6点31分，H连连长伯恩中尉乘坐的登陆艇第一个冲上海滩，比预定时间只晚了一分钟！15分钟后，第二波登陆部队登陆，9辆坦克开上海滩。

★ 在富平市的军火仓库里，联合国军意外发现了美军在1949年撤退时留给韩国军队的包括炮弹和子弹在内的约2000吨弹药，而且这些弹药现在全部可以使用。对于刚刚登陆补给尚不充裕的联合国军而言，简直是天赐之福！

★ 麦克阿瑟的威望急剧上升。杜鲁门发给他一份电报，电文洋溢着真诚的祝贺。参谋长联席会议承认："您从防御到反攻的转变，计划周密、时机成熟、实施得力。"

1. 精密的信息战 / 186
2. 抢滩月尾岛 / 198
3. 全力加强补给 / 210
4. 攻占汉城 / 219

第一章

危机！朝鲜半岛

★ 据苏联大使什特科夫和金日成的通报，进攻北方的作战计划已经制订，并将在7月发动进攻。

★ 经过一番考虑，斯大林亲自回电说："我理解金日成同志的不满，但他应当明白，他想对韩国采取如此重大的举措，是需要有充分准备的。这件事必须组织得不冒太大风险。如果他想同我谈此事，那么，我随时准备接见他并同他会谈。请把此事转告金日成并且告诉他，在这件事上我准备帮助他。"

★ 麦克阿瑟坚持乘车穿过川流不息的难民和杂乱无章的士兵，朝北边的汉江开去。当时，汉江仍是横在朝鲜人面前的一道屏障。这次旅行使麦克阿瑟相信丘奇的话是对的：单靠舰艇和飞机是无法挽救局势的，尽管美国海军在海上无与伦比。

★ 朝鲜军队在汉江以南的工业郊区与韩国军队展开了一场短兵相接的战斗。在没有T-34坦克支援的情况下，他们蒙受了惨重的损失。

1. 朝鲜的格局

朝鲜半岛位于亚洲东部，东北与俄罗斯相连，西北与中国相接，东南隔朝鲜海峡与日本相望。西、南、东分别被黄海、朝鲜海峡、日本海环绕，为中国大陆的左翼，中日之间的跳板，其地理位置非常重要。朝鲜半岛是朝鲜族的世代居住地，历史上曾建立过多个国家，与中国政府历来交好。

19世纪末，朝鲜为清朝的附属国，清朝政府为了防范列强（特别是日本）对朝鲜的觊觎之心，派吴长庆、袁世凯等人常驻朝鲜，使列强无从下手。

由于朝鲜半岛的战略要冲地位以及列强争夺朝鲜已初见端倪，清朝政府中一些人提出了朝鲜由中、美、英、俄共管的意见。朝鲜内部也逐渐兴起一种中立化的论调，希望朝鲜成为像瑞士联邦一样的永久中立国。但因为周边大国各自的考虑和利益冲突，这些想法都没能实现。

《马关条约》签订现场

日俄战争时期日本海军旗舰"三笠"号铁甲舰

　　1894年，蓄意侵略朝鲜的日本挑起了中日甲午战争。次年，战败的清朝政府在《马关条约》中放弃了对朝鲜的宗主权，日本在朝鲜成功排挤了中国的势力。随后，朝鲜高宗李熙在俄国支持下自称皇帝，改国号称"大韩帝国"。日本与俄国在朝鲜半岛的角逐日渐白热化，终于引发1904年的"日俄战争"。结果，俄国战败，日本又赶走了俄国的势力，彻底控制了朝鲜半岛。日本迫使韩国政府与之签订《日韩合并条约》，正式吞并朝鲜半岛，朝鲜半岛沦为了日本的殖民地。日本在朝鲜设立总督府，开始了殖民统治。

朝鲜半岛由于其背倚中国、面向太平洋，处在中、日、俄三大国之间的特殊地理位置，近代以来一直是大国争夺的焦点。所以，第二次世界大战后在资本主义与社会主义两大阵营对峙的背景下，朝鲜战争的爆发也是历史的必然。

第二次世界大战期间，美国和苏联在德黑兰会议上同意朝鲜半岛在"适当的时候"实现独立。

第二次世界大战即将胜利的时刻，美、苏、英三国首脑在雅尔塔签订秘密协议，美、英以出让中国外蒙古和东北利益换取了苏联

德黑兰会议中的斯大林（左）、罗斯福（中）、丘吉尔（右）

对日本宣战，并指出朝鲜半岛因"高丽人没有自治能力"故决定应该由美国、苏联、中国和英国实行国际托管。在雅尔塔会议上，斯大林曾经问罗斯福有什么外国军队要进入朝鲜，罗斯福含糊地对斯大林说"没有"。

1945年8月，在日本战败投降前夕，美国提出和苏联分别占领朝鲜半岛南部和北部的提议，并得到了苏联认可，由此演变成了后来朝鲜半岛分裂为南北阵营的导火线。

1945年8月下旬，苏联对日本作战出兵中国东北后，前锋迅速抵达朝鲜半岛。美国的海军和陆战队仍然在数千公里以外的冲绳，遂提出以北纬38°为界划分受降范围。斯大林由于既得利益（《雅尔塔协议》保证中国东北属于苏联的势力范围）并未受损，故答应了美国的要求。在苏联军队已经站稳脚跟的前提下，美军随后也顺利登上了朝鲜半岛。

"三八线"以北面积占朝鲜半岛总面积的57%，人口占总人口的40%，南部面积占总面积的43%，人口占60%。朝鲜半岛北部为工业区，南部则是主要的粮食产区。美国一开始在南部地区任用日本殖民时期的行政人员，激起了朝鲜人的不满。美国驻军后，又任用不了解当地情况的美国人，同样遭到朝鲜人的反对。

无奈之下，美国联合英国、苏联两国外长，签署了关于对朝鲜半岛进行托管和建立临时朝鲜半岛民主政府的《莫斯科协定》。1946年3月，三国政府组成了美苏英托管委员会（中国因处在内战

霍普金斯（左）与斯大林（右）

边缘未参与），这就在形式上完成了《雅尔塔协议》中的约定。

尽管该委员会的目标是监督朝鲜半岛选出自己的合法民主政府，但美国和苏联均在自己军队的占领范围内扶持了服从于自己的政权。

此时，无论是南方的还是北方的朝鲜民众，都掀起了民族主义运动，主张成立全半岛统一的朝鲜人自己的政权。美国、苏联两国出于冷战需要，同时对各自势力范围内的反对派进行了清理。

在北方，苏军严格清党，朝鲜民族主义分子和右翼分子被扫除干净，北方的政党几乎都是清一色的共产党或左翼团体；在南方，左翼政党在美国占领军和右翼势力打击下活动空间越来越小，韩国共产党的主要领导人逃往北方。美国要扶植一位倾向于美国政府的代言人，这个人就是李承晚。

由于两国不断培植自己的势力，美苏联合委员会无法就朝鲜半岛如何组织统一选举达成协议。美国指责苏联在北方镇压右翼党派和反对派，而苏联则指责美国在选举问题上弄虚作假。

有鉴于此，联合国主张设立联合国朝鲜半岛问题临时委员会，负责观察、监督分别在朝鲜南北举行的大选，然后组成全朝鲜半岛的国民议会，由国民议会再召集会议建立国民政府。后来联大决议，由不包括美国、苏联在内的9国组成"联合国韩国临时委员会"，监督建立全韩国议会并选举统一的政府。

1948年1月，联合国委员会赴朝，安排统一选举事务。

韩国首任总统李承晚

苏联对美国操纵联合国的行为很不满，禁止在朝鲜进行此种选举，不允许联合国人员入境。联大临时委员会无奈，只得再次通过决议："允许朝鲜人在尽可能到达的地方继续选举。"

5月10日，在军警的严密戒备和监督下，韩国举行了单独选举。据各投票点关闭后的统计，韩国800万选民中，大约85%的人参加了选举。选举的结果是李承晚以略微的优势当上韩国总统。8月15日，"大韩民国政府"宣告成立。

而北方在没有中立国的监督下，则采取了自己单独选举的措施，金日成当选朝鲜最高领导人。1948年9月9日成立最高人民会议，它宣布了朝鲜民主主义人民共和国成立，苏联及东欧各社会主义国家立即予以承认。

由此，朝鲜半岛形成了两个意识形态上敌对的政权。但根据历次《大韩民国宪法》以及历次《朝鲜民主主义人民共和国宪法》，朝鲜半岛南北双方都认为朝鲜半岛上只存在一个国家，国家处于分裂状态之中，国家统一是双方努力追求的目标。

从民族主义的观点看，朝鲜半岛整个民族迈向了分裂，在不同意识形态下走向了相互对抗的道路。无论是在意识形态上，还是在强调各自国家的合法性上，韩国、朝鲜都无法以和平对话的方式解决问题，这也是朝鲜战争爆发的根本原因。

分界线南北各自建立政权后，都拒绝承认对方的合法性。双方互相以小分队袭击对方边境。分界线附近经常发生小规模战斗。李承晚声称要北上统一朝鲜半岛。美国担心刺激了苏联，严格限制对韩军的装备援助种类。韩军仅有轻武器和轻型火炮，没有飞机和坦克等重型装备。

苏联则在积极援助并装备朝军。在苏联的帮助下，朝鲜很快就建立起了步兵摩托化旅和边防警察，而且苏联还向朝鲜人民军提供

地方议会选举事务所

了大量现代化的武器装备。加上大批曾在中国东北参加过中国抗日战争、有丰富实战经验的朝鲜族官兵，朝鲜人民军的实力是韩国无法匹敌的。

在这一时期，美国的远东战略中心在中国，故在对韩国的支持上不及苏联对朝鲜。随着司徒雷登最后一次对华外交努力失败和美国国务院外交白皮书的发表，美国在远东战略上体现出整体上失去了支撑点后的暂时退却。杜鲁门公开发表讲话，将美国战略防御线

装备精良的朝鲜人民军

战争期间的韩国民众

落在了对马海峡和台湾东海岸，也就是这个决定让韩国和中国台湾成了被暂时抛出的棋子，用来妥协苏联和中国（大陆）。

正是杜鲁门的这个决定，让金日成感到机会来了，进而正式向斯大林提出武力统一朝鲜半岛的想法。

从1949年年初，苏联驻朝鲜使馆不断向莫斯科发出有关韩国可能发动进攻的告急电报。金日成完全明白，要实现自己的目标，必须得到莫斯科的首肯和帮助，于是提出了与苏联建立秘密同盟的要求。

在遭到莫斯科婉言拒绝之后，金日成便直接提出要面见斯大林，以摸清苏联的意图和态度。但此时，斯大林的战略重点还在欧洲。他一方面通过组建情报局和整治南斯拉夫，构造了以莫斯科为中心的社会主义阵营，意在稳定与西方抗衡的阵脚；另一方面，面对美国和西方国家的强硬立场，斯大林在解决柏林危机的过程中采取了忍让和退缩的立场。出于对双方整体实力的认识，苏联放弃了与美国公开冲突的做法。在这种情况下，斯大林自然不会同意在朝鲜半岛引发一场可能导致美国干预的战争。

在与金日成的会谈中，斯大林只是轻松地询问了南北双方军事力量的对比情况，以及三八线附近发生小规模军事冲突的结果，并对金日成充满信心的答复表示满意。至于金日成所要求的军事援助，莫斯科只是同意帮助装备在三八线驻防的两个朝鲜警备旅。

金日成不懈地努力，最终让斯大林"同意朝鲜领导人对局势的分析和准备以军事方式实现国家统一的设想"。

1949年春夏之交，在联合国敦促下，美苏两国分别从朝鲜撤兵。这两个超级大国的撤离却让朝鲜南北双方的紧张局势进一步加剧。

特别是在美国撤军前后，韩国李承晚政权不断发出战争叫嚣，并一再

乘坐橡皮艇的朝鲜人民军士兵

对北方进行军事挑衅和边界侵犯。据苏联大使什特科夫和金日成的通报，李承晚进攻北方的作战计划已经制订，并将在7月发动进攻。

斯大林的战略重点暂时在南斯拉夫。他除了应金日成的不断要求，同意向平壤增加武器装备的援助，以保证朝鲜不受侵犯外，并没有采取进一步的行动。莫斯科同意了苏联大使什特科夫在美国撤军后、撤除苏联在清津港的海军基地及在平壤等地的军用机场的建议，以免这些设施被朝鲜人民军利用，从而使苏联在国际局势中处于被动地位。苏联此时的主张是在朝鲜建立祖国统一民主阵线，通过在全朝鲜进行普选实现和平统一。

★朝鲜——远东的巴尔干

朝鲜一直是中国明朝和清朝的属国。19世纪，急于获得原料产地和倾销市场的资本主义列强开始觊觎被称为"隐士王国"的朝鲜。1856年，美国驻华公使伯驾就向美国政府提出"英占舟山，法占朝鲜，美占台湾"的建议。此后，法国和美国分别入侵朝鲜，却均无功而返。

日本在明治维新后走上资本主义发展道路，实力迅速膨胀，扩张欲望日益强烈。1876年，日本强迫朝鲜签订《江华条约》，由此打开朝鲜国门。随后美国、英国、德国、俄国、法国、奥匈帝国等欧美列强纷至沓来，强迫朝鲜签订不平等条约。

1882年《朝美修好条约》的缔结，标志着朝鲜国门的全面开放，也意味着朝鲜开始成为资本主义列强的角逐场所。朝鲜也被称为"远东的巴尔干"。

2. 金日成的冒险

金日成不甘心自己的宏伟计划受阻于莫斯科，于是转过来试探北京的态度。

1949年5月，金日成派人民军政治部主任金一秘密访问中国，与中国共产党领导人商谈将中国人民解放军中的"朝鲜师"转属人民军的问题，并表露了准备采取军事行动的意向。

在中国革命战争尚未结束，国家尚未统一的情况下，中国很难赞成朝鲜的计划。毛泽东答应，在需要的时候，可以把中国军队中的两个朝鲜师转给朝鲜，如果朝鲜半岛发生战争，中国"将提供力所能及的一切援助，特别是上述师的给养和武器"。但是，毛泽东也劝告朝鲜同志，即使在美国撤军而日本人也没有回来的情况下，也不要向韩国发动进攻，而是等待更有利的形势。

尽管如此，金日成还不死心。

面对来自南方的威胁，金日成主张变被动为主动。他踌躇满志地认为，这是通过军事手段实现朝鲜统一的有利时机。为此，在积极调动军队进行防御部署的同时，金日成于7月初下令"三八线"地区的各部队进入战斗准备状态,并决定将中国人民解放军的朝鲜师调回朝鲜。

做好准备之后,9月3日,金日成的私人秘书文日向苏联使馆通报,韩国最近企图夺取"三八线"以北的部分地区,并炮击朝鲜领土。因此,金日成请求准许对南方采取军事行动,如果国际局势允许,还准备继续向南方挺进。

金日成相信,他们能够在两周,至多两个月内占领韩国。苏联驻朝大

年轻时的金日成

使什特科夫对情况进行核实后,于9月14日向莫斯科报告了朝鲜军事力量的详细情况、金日成的考虑以及他本人对这一问题的看法。报告说:"金日成认为韩国军队的战斗力不强,北方军队在技术装备(坦克、火炮、飞机)、纪律、官兵训练素质以及士气等方面,均优于南方军队。如果进攻顺利,可以继续向南方挺进。"

金日成还认为,当朝鲜发生内战时,美国不会直接出兵干预。但什特科夫分析:"金日成计划的局部性战争必然导致朝鲜爆发内战,而北方军队还未强大到足以在速战中取胜。同时,不论在军事上,还是政治上,持久内战对北方都是不利的。"

不知道金日成用了哪些手腕游说，什特科夫最终赞同金日成的计划，并给莫斯科汇报："韩国政府的政治地位是不牢固的，朝鲜半岛的形势对北方有利。尽管不排除美国人将干预这场冲突并给韩国提供积极帮助的可能性，而人民军的数量及其拥有的物质力量现在还不能保证完全粉碎南方军队和占领韩国，但发展朝鲜南部的游击运动并给予各种各样的支持和领导是可能的，在有利的形势下，可以借口韩军在三八线上的挑衅，占领一些地区。"

经过慎重的研究和讨论，莫斯科还是否决了金日成的计划。

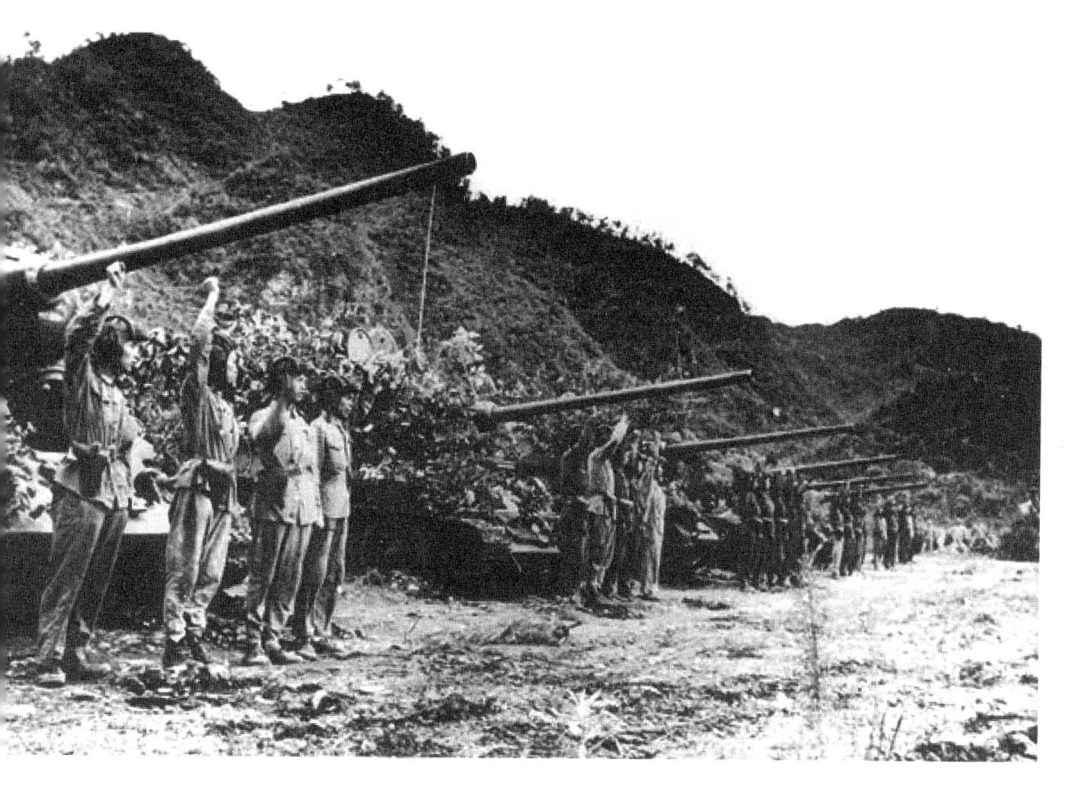

朝鲜人民军先进的苏制 T-34 坦克

9月24日，联共中央政治局做出决议，责成苏联驻朝大使"严格按照决议的文本"向金日成声明：

由于目前朝鲜的武装力量与韩国相比没有占绝对的优势，因此不能不承认，现在进攻南方是完全没有准备好的，所以从军事角度看是不允许的。由于南方的游击运动和群众斗争没有积极开展起来，建立解放区和组织人民起义的工作进行得很少，从政治方面看，你们建议的对南方进攻也是没有做好准备的。此外，进攻瓮津半岛和占领开城地区的局部战役就意味着朝鲜南北战争的开始，而战争的持久性可能给美国人对朝鲜事务进行各种干涉提供借口。

所以，目前争取朝鲜统一的任务要求是集中最大力量：第一，开展游击运动，建立解放区，在朝鲜准备全民起义，以便推翻反动政权和成功地解决整个朝鲜统一的任务；第二，进一步全力加强人民军。

显然，斯大林认为在朝鲜发动战争的条件尚未成熟。

斯大林的决定令金日成感到沮丧，他虽然勉强接受了莫斯科的意见，却还是在继续积极备战。

10月14日，三八线附近又发生了激烈战斗。朝鲜第三警备旅攻击侵入三八线以北1.5公里法音山高地的韩国军队，并占领了这两个高地。由于苏联大使什特科夫事前参与讨论并默许了这一军事行动，而事后又未向斯大林报告，莫斯科对此极为恼怒，严厉地指责朝鲜方面，并提出警告。

显然，金日成想要采取军事行动，必须等待莫斯科开放绿灯。让金日成感到庆幸的是，仅仅两个月以后，斯大林便给他发放了走向战争的通行证。

1950年1月19日，莫斯科收到驻朝大使什特科夫发来的报告。在一次小范围的宴会后，金日成借着酒意激动地对苏联使馆工作人员说："在中国完成其解放事业后，现在的问题就是如何解放祖国南方的人民。朝鲜南方的人民信任我，并指望我们的武装力量。游击队不能解决问题。南方人民知道我们有一支优秀的部队。最近，我夜不能寐，考虑着如何解决统一全国的问题。如果解放朝鲜南方人民和统一祖国的事情拖延下来，那么我就会失去朝鲜人民的信任。"

金日成希望同斯大林会面，讨论南方的形势和向李承晚军队发动进攻的问题。如果不能同斯大林会面，那么他想去见毛泽东。金日成还抱怨苏联不允许他进攻，否则人民军在几天之内就可以进入汉城（今首尔）。

韩国的警备部队士兵

与苏联使馆人员采取的回避态度不同,这一次斯大林却出人意料地改变了主意。

经过一番考虑,斯大林亲自回电说:"我理解金日成同志的不满,但他应当明白,他想对韩国采取如此重大的举措,是需要有充分准备的。这件事必须组织得不冒太大风险。如果他想同我谈此事,那么,我随时准备接见他并同他会谈。请把此事转告金日成并且告诉他,在这件事上我准备帮助他。"

这是斯大林第一次同意在战争问题上帮助金日成。对此,金日成十分满意,并立即表示随时准备着斯大林的接见。那么,究竟发生了什么事情,使得斯大林在如此短暂的时间里改变了对朝鲜问题的看法?

原来,此间发生了一件苏联外交史上的重大事件,即毛泽东访苏和《中苏友好同盟互助条约》的签订。毛泽东是位强人,他使苏联被迫放弃了其在远东以中国东北为基础的政治和经济权益,即中国立即收回大连港,并在两到三年内收回中长铁路和旅顺港。

除了既成事实的蒙古问题,莫斯科最担心的事情终于发生了:1945 年中苏条约所保证的苏联在满洲的权益眼看就要被毛泽东提出的新条约断送掉,斯大林必须采取补救措施。而处于朝鲜半岛中部和南部的元山、仁川、釜山和济州岛的几个港口,成了苏联的目标。

为了保证苏联在远东地区的战略利益,把整个朝鲜半岛纳入莫斯科的势力范围势在必行了。恰在此时，美国总统杜鲁门和国务卿艾奇逊发表关于韩国不在美国防御范围的演说，又为斯大林实现对朝鲜政策的改变创造了条件。

毛泽东还没有离开莫斯科，斯大林便集中精力去解决朝鲜问题了。

为了加强朝鲜的军事力量以及人民军的组织和指挥能力，莫斯科同意金日成再组建3个步兵师，并把苏联政府将于1951年提供的贷款用于1950年，以便为新组建的部队购买苏联装备。斯大林还任命瓦西里耶夫中将为朝鲜人民军军事总顾问，替代兼任这一职务的苏联驻朝大使什特科夫。

此后，苏联便开始大规模向朝鲜提供武器装备。斯大林还亲自致电告诉金日成："对于朝鲜人民军所需装备、弹药和技术器材，苏联政府决定完全满足您的这一请求。"

在进行物质准备的同时，3月20日，金日成要求于4月初秘密访问莫斯科，并提出将与斯大林讨论国家南北统一的途径和方法及经济发展远景等问题。

在一份金日成提请斯大林同志帮助解决的问题的清单中，明确写道："关于统一国家的途径和方法，拟采用武装方式统一。"此外，还提到与毛泽东会晤和同中国签订条约的问题。得到同意后，金日成和外相朴宪永于3月30日起程前往莫斯科。

关于斯大林与金日成秘密会谈的具体内容，目前在俄档案中尚

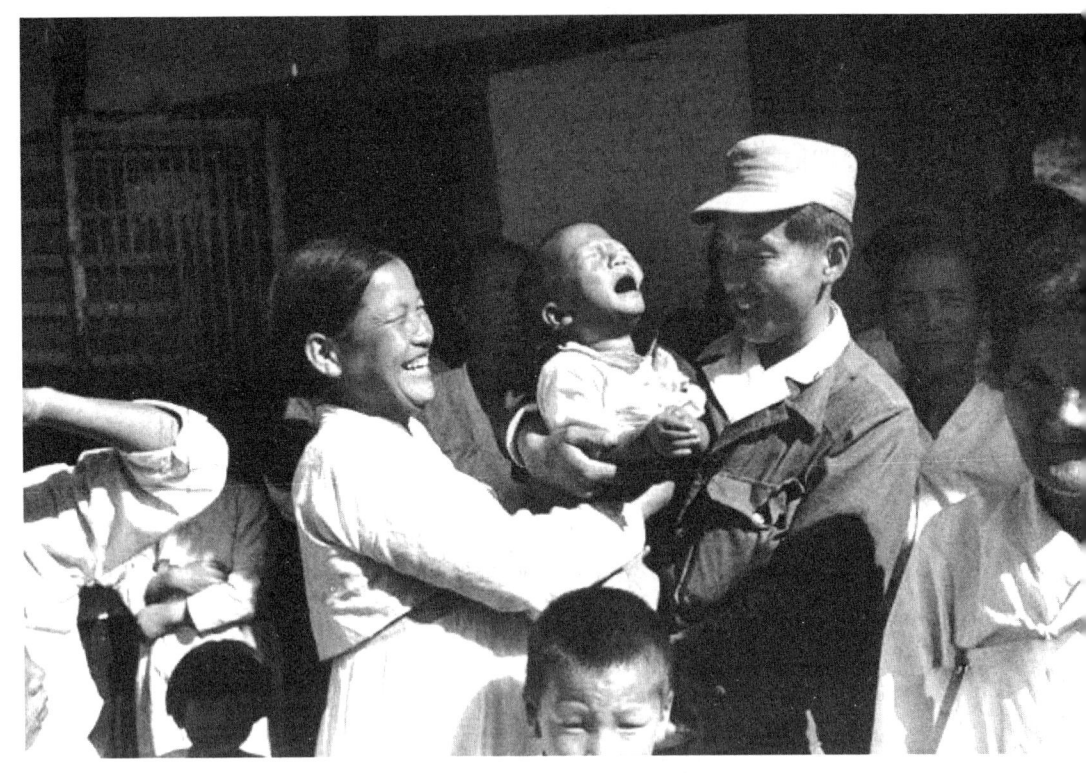

朝鲜积极扩军备战，图为一名新入伍的人民军士兵

未发现任何文字纪录，研究者引用的都是当事人的回忆。据说，金日成在会谈中报告，朝鲜北方和南方都正在为统一做准备，但形势对北方更有利。朴宪永则以热烈的言语描述了反李承晚政权的抵抗运动形势。他说："人数达20万的韩国人民党支部，已经准备好在北方发出第一个信号时起义，南方人民一直在等待着土地改革和其他在北方已经实行的民主改革。"

莫斯科担心的问题是一旦爆发战争，美国会否出兵干涉。金日成立即向斯大林保证，美国不会参与这场战争。他的理由是，这是一次果断的突袭，因为将会有20万韩国人民党员进行起义，加上南方游击队对朝鲜人民军的支持，进攻将在三天之内取得胜利。这样，即使美国有心干预，也没有时间进行军事准备和部署。

金日成还向斯大林提出了发动战争的战略部署，即朝鲜政府准备分三步实现他们的目标：

一、在三八线附近集结部队；

二、向韩国发出和平统一的呼吁；

三、在韩国拒绝和平统一的建议后开始军事行动。

显然，与美国在朝鲜半岛采取防御和退守政策的同时，苏联直接参与了战争的策划和准备。

这一切，当时韩国和美国都不清楚。1950年5月，韩国进行了

三八线

新的一轮大选，李承晚的政党只保住了210个席位中的22席。趁着李承晚丧失了民心，6月，朝鲜领导人金日成向朝鲜半岛南北人民发出呼吁，要求在8月5日至8月8日在全朝鲜半岛举行大选的基础上实现国家和平统一，并且号召代表们在6月中旬到海州市召开协商会议。

6月11日，北方的3名代表越过三八线，打算向韩国各政党领导人递交和平统一国家的呼吁书，被韩国政府逮捕。金日成抓住口实，下令朝鲜人民军进入战争状态。6月25日，朝鲜爆发了内战。

★战前军力对比如下：

人员培训：

从1946年起，苏联就培训了几千名朝鲜军官，每个师还配备了约15名苏军顾问。值得指出的是，金日成将大批在抗日战争中有丰富实战经验的官兵充实到军队中，为保证军队的政治向心力，朝鲜人民军军官均由抗日老兵担任。而韩国军队的军官多为第二次世界大战时期日本或伪满洲国军事学校出身，如后任总统的朴正熙，历任师长、军长、参谋总长的白善烨等。

兵力编战：

朝鲜共编10个主力师及两个独立团，共约13.7万人。韩国军队共编有9个师，总兵力约9.8万人。

主战装备：

朝鲜人民军拥有150辆苏制T-34坦克，600门火炮，290架各种战斗机。韩国军队无主战坦克，只有27辆轻型装甲车，129门火炮，60架各类型飞机。

从以上对比可以看出，朝鲜人民军方面占据绝对优势。

3. 杜鲁门决心出兵

朝鲜人民军以雷霆之势南征，韩国军队仓促之间被打了个措手不及。

6月25日上午9点半，汉城韩军最高司令部已判定，朝鲜的攻击不是一次常见的"大米袭击"，而是一场真正的进攻。韩军司令部立即命令分散在韩国内地的各师部队开往前线。

朝鲜人民军气势如虹，一路势如破竹，引起汉城一片恐慌。6月27日早上，韩国部队司令部紧急撤离汉城，搬到了距首都以南汉江彼岸大约11公里的始兴里，连美国驻韩军事顾问团司令部和司令官威廉·赖特都没来得及通知。

赖特深恨被韩国人抛弃了。他从撤退时的车载无线电上收到了东京发来的直接电讯："麦克阿瑟个人致赖特：回到你们原来的地方。重要决定即将做出。不要恼火。"可此刻韩国军队斗志全无。赖特只能苦笑回电："请支援，大势已去！"

驻扎在日本的美军及时伸出了援助之手，从日本飞来的美国战斗机为保护撤离行动执行了护航和警戒任务。与此同时，美国海军也为两艘满载家属的船只提供护航。几天之内，美国从朝鲜向日本转移了2001人——其中1527人是美国侨民。

6月27日子夜，韩国军队将汉城汉江上的几座先前已埋好炸药的桥梁炸掉。当时在江北尚有大批韩国部队。这些无辜的士兵就成了弃儿。

被俘的韩国军队士兵

朝鲜战场形势突变，让美国领导人大惊失色。华盛顿和东京所面临的形势是：韩国军队和政府即将解体，整个朝鲜将被瞬间吞并，变成为一个共产党国家。

朝鲜入侵的消息刚刚传到美国，国务卿艾奇逊便马上临时决定把这件事提交联合国。他给在密苏里度周末的杜鲁门总统打去了电话，并获得了杜鲁门的批准。

星期天上午，即华盛顿在第一次接到关于进攻的急电14小时后，美国国务院和陆军部官员召开了一次会议，参加人员有艾奇逊和陆军参谋长柯林斯将军。与会者在征得杜鲁门总统批准后，决定建立汉城、金浦机场和仁川空中保护区，以保证安全撤出美国侨民，并向韩国军队运送武器装备。另外，如果联合国安理会要求在朝鲜采取直接行动，就授权在东京的麦克阿瑟动用他所指挥的部队和美国第7舰队，以稳定战争形势。

杜鲁门总统于星期日下午飞返华盛顿。在飞机上，杜鲁门在思想上已倾向于进行干预。他后来写道："如果自由世界不加干预，允许共产党强行进入大韩民国，那么在强大的共产党邻国面前，就没有敢反抗侵略和威胁的小国了。"

杜鲁门飞抵华盛顿时，联合国安理会正在召开紧急会议。这时，苏联代表雅可夫·马立克因新中国未被联合国接纳，尚在抵制安理会。这样美国就排除了苏联使用否决权的干扰。经过几个小时辩论后，只对决议做了少许修改，安理会就以9票同意，0票反对通过了美国的决议。这项决议要求立即停止敌对行动，并要求朝鲜军队撤回到三八线。

为了控制朝鲜局势，杜鲁门接受艾奇逊的建议：取消对美国海军、空军的作战限制，他们可以随意攻击朝鲜的部队，包括装甲兵和炮兵；由美国向第二天开会的安理会递交一份决议，以寻求对这种公开军事侵犯的国

美国总统杜鲁门

际制裁；责令第7舰队阻止在台湾中国国民党和大陆的中国共产党之间的敌对行动。

第二天，杜鲁门向全国宣布了他的决定。关于美国武装部队的任务，他只用一句话概括道："我已命令美国海军和空军部队向韩国政府军提供保护和支持。"在"台湾问题"上，他说："对韩国的进攻使人们一眼看出，共产主义已经不再使用颠覆手段来征服独立国家，现在要用武装入侵和战争手段了。它蔑视联合国安理会发出的维护和平与安全的指令。在这种情况下，如果共产党占领台湾，就会对太平洋地区的安全和在这一地区履行必要而合法职责的美国部队构成直接威胁。"

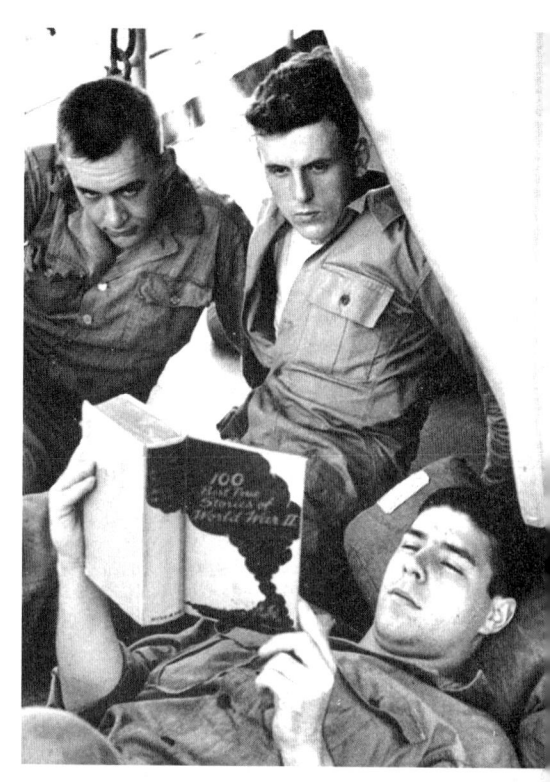

战前美军士兵悠闲的生活

其实，杜鲁门此刻已下定决心援助韩国，但他不愿自己的后院受到攻击——有部分议员极力主张，先援助蒋介石，倘若中共趁美国军队在朝鲜作战之机，出兵占领台湾，而美国对此无所作为，从政治上讲，杜鲁门承受不起这样的攻击。杜鲁门将第7舰队插入台湾海峡，也算是先发制人之举。

在杜鲁门发表声明后的24小时内，中国外交部长周恩来谴责杜鲁门的行动是"武装侵略中国领土，完全违反联合国宪章"的。毛泽东则说美国自食其"不干涉中国内政"的诺言，号召中国人民"挫败美帝国主义的一切挑衅"。

在美国的操作下，联合国安理会再次开会，商讨是否派出地面部队。唯一能够阻止美国的方法，是苏联行使否决权。

如果苏联代表在安理会上行使否决权，那会引起谴责，西方国家马上会把苏联列为朝鲜的同谋。这样一来，苏联就面临两种前景暗淡的选择。一种是动用其否决权，将朝鲜的入侵打上苏联人授意的标记，从而将苏联人更加直接、更加深重地拖入朝鲜半岛。另一种选择是把整个事件当作派系之间的小小的内部争吵来对待，并将整个事件拖下去。人们不知道那天在克里姆林宫的苏联代表雅可夫·马立克究竟接到什么指示。苏联人选择了后者。那天在安理会上，苏联代表并没出席。

美国在安理会上取得了一大胜利，他们提出决议案，敦促联合国成员国"向韩国提供必要的援助"，以击退武装进攻，并"在该地区恢复国际和平与安全"。

尽管大家知道该决议案会被提出，但一些安理会成员国却在决议案的严酷含义面前踟蹰不前——决议案意味着联合国向朝鲜宣战，所有成员国至少在道义上都有义务成为交战国。

在这一天，激烈的辩论一直在进行。直到子夜前，安理会才通过了该项决议案。

第一章 危机！朝鲜半岛

美国太平洋舰队的旗舰"密苏里"号战列舰

当然，美国知道它会获得通过的：美国代表团事先已个别征求了安理会成员对该决议案的意见，并且十拿九稳会获得7票。只有南斯拉夫（没有否决权）投了反对票，印度和埃及弃权。美国为其将要采取的行动获得了国际组织的正式批准。

美国基本上左右了安理会的全部工作。安理会建议：联合国成员国派出的部队应由美国来指挥，并要求美国指定一名联合国军司令官。杜鲁门立即任命了麦克阿瑟。联合国没有做出任何监督战争行为的规定，只是要求美国"在适当时候"对统一指挥下所采取的行动进行报告。

7月12日，麦克阿瑟在东京建立了联合国军司令部（与他的远东司令部设在同一处）。7月14日，韩国的李承晚总统将韩国军队置于该司令部的指挥之下。

麦克阿瑟很快让自己的先遣队司令官约翰·丘奇赶到韩国的水原机场。丘奇次日便向麦克阿瑟发了电报。他说，若要想把朝鲜的军队赶回三八线，就必须投入美国的地面部队。

丘奇的电文促使麦克阿瑟采取了行动。

第二天上午，麦克阿瑟本人乘坐他个人的四引擎C-54型运输机，在4架喷气式战斗机护航下飞临水原。李承晚和丘奇前来迎接麦克阿瑟。陪同麦克的有他的7名高级参谋军官，另外还有几位新闻记者。

麦克阿瑟坚持乘车穿过川流不息的难民和杂乱无章的士兵，朝北边的汉江开去。当时，汉江仍是横在朝鲜军队面前的一道屏障。这次旅行使麦克阿瑟相信丘奇的话是对的：单靠舰艇和飞机是无法挽救局势的，尽管美国海军在海上无与伦比。

那天夜里，麦克阿瑟回到东京，

到达朝鲜的麦克阿瑟

在华盛顿方面的紧急敦促下，为华盛顿起草了一份电文。但奇怪的是，他却等了将近12个小时还没有将电文发出。那是一份悲观的评论。"韩国军队完全没有能力进行抵抗，而且存在着被进一步突破的严重威胁，"他说道，"如果敌人继续向前推进，就会使大韩民国垮台。"

麦克阿瑟要求从日本派出一个美国战斗团投入作战，以后也可能组建成两个满员师。杜鲁门同意派遣一个团，但却对组建两个师迟迟没有做出决定。那一决定要等待当天在白宫举行的会议的结果。

翌日，杜鲁门召来了艾奇逊、约翰逊、三军部长和参谋长联席会议的参谋长们，提出了一个不可思议的建议：蒋介石表示愿意派遣3.3万人的部队，而杜鲁门则倾向于接受这一提议。

国务卿艾奇逊深明此举的含义。他断言，派遣中国国民党军队进入朝鲜会激发新中国在朝鲜进行干预。几位联席会议参谋长也随声附和。他们指出，国民党军队当时几乎成了台湾岛上的军事难民，其装备并不比韩国人强，而且将他们运往朝鲜所需的运输设施，若用来运送美国的军队和物资，也可能会更为有效。

杜鲁门放弃了自己的主张，同意拒绝蒋介石的提议，然后又做了一个令人惊讶的决定：他不仅要给麦克阿瑟两个师，而且要授权麦克阿瑟无限制地全权动用他所统帅的任何地面部队。

★麦克阿瑟（1880—1964）

1880年1月26日，麦克阿瑟出生于美国阿肯色州小石城的一个军人家庭。其父是一位美国将军，也是麦克阿瑟成为军人的启蒙人。麦克阿瑟晚年曾说："我最早的记忆就是军号声！而这一切，都是我的父亲给我的。我的父亲不仅给予我生命，而且给予我一生的职业道路。"

1917年，第一次世界大战爆发时，麦克阿瑟任第42步兵师参谋长，随部赴法国参战。他任职的第42师，被称为"彩虹师"，意指人员来自美国各地，犹如跨越长空的彩虹。

1918年，麦克阿瑟因作战勇敢和指挥有方，数次获得勋章。第一次世界大战结束以后，麦克阿瑟被任命为第42师——"彩虹师"代师长。

1919年6月，年仅39岁的麦克阿瑟被任命为西点军校校长，成为西点军校有史以来最年轻的校长。他把"责任—荣誉—国家"作为治校的座右铭。时至今日，军校体育馆上方的一块匾上镌刻的就是他的一句名言：今天，在友好场地上撒播下的种子，明天，在战场上将收获胜利的果实！

麦克阿瑟

1930年11月，麦克阿瑟被任命为美国陆军参谋长，成为美国有史以来最年轻的陆军参谋长。

第二次世界大战期间，麦克阿瑟出任美国太平洋战区司令，指挥美军在太平洋岛屿与日军展开"跳岛作战"，在硫磺岛、莱特岛以及以后的吕宋岛、冲绳岛等一系列艰苦卓绝的战役中，屡屡击败日军，扭转了美军在太平洋战场上的劣势。

1944年，因战功卓著，麦克阿瑟晋升为五星上将。

第二次世界大战结束时，麦克阿瑟作为盟军太平洋战区司令，主持了接受日本投降的仪式。战后，担任美国盟军驻日部队最高司令与美国远东及太平洋地区军队总司令。

4. 美军的弱点

第二次世界大战后一直就在日本当着太上皇的美军，结束了养尊处优的舒适生活。大部分年轻而且缺乏战斗经验的士兵，在事先没有任何预兆的情况下，一下子被推到朝鲜的大旋涡当中。而对这一场几乎不可思议的战火考验，无论在情感、心理或是体力上，他们都没有做好准备。大多数美国人都对本国的原子垄断充满信心，无法想到会突然回到战场上去。

麦克阿瑟麾下4个驻日美军师的实际战斗力也不尽如人意。除了第24团外,每个师的3个建制团都只有2个普通步兵营,而不是通常编制的3个。其他战斗部队的兵力也相应短缺。例如,炮兵营中仅有2个射击连,而不是3个连。兵力短缺使4个师的平均作战能力仅仅达到70%左右。

尽管这4个师如此虚弱,但它们却代表了美国在全世界的四分之一以上的地面力量。因此,杜鲁门允许麦克阿瑟动用任何以及全部远东军队的决定表明,美国就其整个军事力量来说,在朝鲜半岛的投入已是够大了。随着麦克阿瑟要求给予越来越多的支持,以满足战斗需要,美国在朝鲜半岛的军力投入就更大了。

驻扎在日本的毫无战争准备的美军士兵

第一章　危机！朝鲜半岛

美国总统杜鲁门同麦克阿瑟交谈

当时，美国的军事战略几乎全部以原子武器为依托：如果发生战争，就依靠空中力量，用原子弹进攻。这面"原子盾牌"在美国垄断原子弹之时，似乎是安全可靠的。然而朝鲜之战将要表明，这一战略只有在避免同苏联发生重大冲突时才会派上用场，在对付较小的危机和冲突时便毫无用处。

朝鲜战争证明，只有在美国的战略或军事地位处于极其严峻的形势之下，不使用原子弹就不能恢复到可以忍受的状态之时，才能够使用大规模杀伤性核武器。事实上这意味着，只有在局势威胁到了美国的完整或美国的根本利益之时才可动用核武器。小规模的战争，无论对美国的作战人员来说有多么残酷，代价有多么惨重，都不构成使用核武器的理由。

因此可以说，朝鲜人是躲在美国的核盾牌之下，来打击美国的最薄弱之点——常规地面部队。所以朝鲜的行动，尽管显然是一场危险的豪赌，却不像看上去的那样狂妄——一个900万人口的国家，跟地球上最强大的美国对抗，而美国所拥有的核能力，足可以将朝鲜的大部分人和几乎一切有价值的东西摧毁。

美国过于依赖原子武器，而在"常规武器"方面，尤其是普通地面力量上，却没有表现出明显的优势。倘若人力问题是美国军方的唯一缺陷，陆军和海军倒可以完全依靠美国的传统军事力量——充足而又精良的武器和装备。在第二次世界大战期间的大部分战斗中，正是惊人的强大炮火以及机动灵活性才使美军令人敬畏。

但是，朝鲜战争初期却是另外一种情况。美军地面力量的一个最大弱点就是装备和弹药缺乏。由于预算不足，第二次世界大战后美军地面部队军用物资的采办大都仅限于食品、服装和医药物品。陆军几乎全靠陈旧的、渐渐废弃的、第二次世界大战中遗留下来的贮存弹药维持运转。

这样美军地面部队就出现了一些反常现象：机关枪和牵引炮供应充足，但是重型机械装备、新研制的无线电、自行火炮、新式坦克、高射炮和某些弹药却极其稀缺。像无线电电池这样简单的物品都成了重要的必需品：大部分电池都已陈旧，常常毫无用处；或者用不了多久就电能尽失，给作战条件下的通讯带来了破坏性后果。

美国在日本的占领军，4个师分散驻守在海岛上。第7师驻在北部；第1骑兵师驻守在东京周围；第25师驻在南部的本州；第24师占据着日本最南部的九州，这里距朝鲜最近。

时间成了最大的问题：韩国军队几乎无法阻滞朝鲜人，唯一能

战前美军士兵积极备战，图为两名黑人士兵正在练习格斗

够遏制他们的力量是驻扎在日本的美国军队。几乎在战争之初,麦克阿瑟就已拟定出了挫败朝鲜军的计划。但若要使他或其他人的计划奏效,就必须挡住朝鲜人,就地建起有效的防线,否则,防御者就将逃离韩国,失去南部的釜山港,而釜山又是援军和物资的依托之地。

如果发生那种情况,韩国军队和韩国都将消亡,美国要么接受"既成事实",要么发动一场代价高昂的大规模入侵。因此,这在很大程度上取决于美国现有的屈指可数的几支部队阻滞朝鲜人的能力。而他们只有几天时间。

战争爆发后,美国后勤军官便以极快的速度,利用一切可以利用的手段,开始发疯似的从空中和海上部队将装备和物资运过朝鲜海峡。尽管如此,但要在最初几天里将大量部队运送到前线,也是不可能的事。

其结果是,首批投入战斗的美国军队实际上全都来自第24师。他们不得不首先承受强有力的打击、阻挡敌人的进军。这意味着要把相对弱小的部队——营甚至连——投到阻击阵地上,去跟整团整师的敌人对抗。这是一场只有靠时间才能度过的极其严重的危机,而第一批部队正是出于赢得时间这一目的才被派往前线的。

汉城沦陷当天,即6月28日,一些朝鲜士兵悄悄越过汉城西边的汉江,占领了金浦机场。这一行动关闭了韩国军队和美国先遣部队主要的物资与援军空中补给点。另一座机场在水原,位于汉城以南大约 33 公里处，距韩国军队和美国先遣部队指挥部不远。

6 月 30 日上午，大量的朝鲜军队从被炸毁的汉城大桥上游不远处乘船渡过了汉江。尽管美国后勤军官通过海上和空中成功地为韩国军队补充了弹药武器，但他们显然无法守住战线。

美军干预的时间已经确定。但是从何处下手呢？汉江防线虽已动摇，但仍未被突破，因此美军的部署越往前线越好。当晚，麦克阿瑟的先遣队司令官丘奇决定驱车前往水原以南 20 公里处的乌山指挥所，通过那里的商务电话中继站跟东京方面商谈。他联系上了麦克阿瑟的参谋长阿尔蒙德。阿尔蒙德表示，假如丘奇能够守住机场，他同意于次日（7 月 1 日）将两个美国步兵营空运到水原机场。丘奇表示同意，然后返回水原。

与此同时，在丘奇的水原指挥所里，发生了一件莫名其妙的事情：那里的军官和士兵被一种后来称之为"逃跑热病"的现象所缠。

首先，一架美国飞机用无线电播发了一条错误信息，说是有一队敌军正从东边向水原逼近。然后在大约 500 米外的铁路上升起了一颗红色照明弹。有人高喊："敌人正在包围城镇，我们最好离开这里！"

在接下来的一片混乱中，指挥所的通讯人员开始用铝热剂手榴弹破坏他们的设备。手榴弹引燃了指挥所所在的学校，房屋也给烧塌了。美军很快制止住了混乱局面，并在水原机场形成一个环形防线。

经过仓促考虑权衡之后，机场上的军人决定最好还是撤到南边150公里开外的大田。这群人跟机场上的一支美国防空小分队以及美国使馆人员一道做好了准备。正要动身时，丘奇驱车从乌山赶了回来。他铁青着脸，立即命令指挥所的一群人返回水原。

丘奇本想守住水原机场，但经过一番考虑之后，他又对自己的能力表示怀疑。最后在滂沱大雨之中，他带着这一小队垂头丧气的人马朝南边的乌山退去。

朝鲜军队在汉江以南的工业郊区与韩国军队展开了一场短兵相接的战斗。在没有T-34坦克支援的情况下，他们蒙受了惨重的损失。直到7月3日，朝鲜军队才突破了汉江防线。7月4日，朝鲜人修复了其中一座铁路大桥，终于将T-34坦克运过了汉江。也只有在这一天，他们才有能力大举向南进攻。直到这一天，韩国军队司令部尚待在水原。

坦克的冲击打乱了韩国军队阻滞朝鲜军队前进的企图，并使妄图逃跑的韩国军队遭到了重大伤亡。

如果美国及时将大批军队空运到水原，也许能协助韩国军队逐步抵抗，但美国人并没有这样做，而是在7月1日把第一批美军派到了釜山。这批美军数量不多，指定名称为"史密斯特遣队"。他们本以为在后方凑热闹就够了，没想前线不断恶化，只得又往北方赶。他们于7月5日到达了水原机场南边的一个地方，这里距离机

美军在防御战壕内待命

场仅仅10公里之遥。正是在这个地方，美军第一次在地面战斗中遭遇到了朝鲜人。

在美国军事史上，史密斯特遣队的官兵占有特殊的位置。他们不仅是第一支在陆地上与朝鲜军队进行战斗的美国部队，而且其作战条件也几乎跟美国军队习惯上所期望的条件完全相反。也就是说，他们在人数和火力上都远远比不上对手，又处在漫长而极为脆弱的补给线的尽头，并且完全是孤军作战，两翼根本没有任何援军。

他们原在九州过着舒适的军营生活，在毫无准备的情况下，一夜之间被投进了战火之中。这一事实对他们的身体状况和精神面貌都没有好处。

查尔斯·史密斯麾下的军官有三分之一的人参加过第二次世界大战，具有丰富的战斗经验，但招募的士兵中却很少有人有什么战斗经历，他们大部分都是些20岁或不到20岁的年轻人。这是一支微小的部队，有406名官兵，拥有2个兵员不足的步枪连，几名指挥员、通讯人员和重武器手，2门75毫米无后坐力炮，2门迫击炮，4门60毫米迫击炮和6个反坦克火箭分队。每个士兵携带120发步枪子弹和两天的给养。

史密斯特遣队

史密斯特遣队遇到朝鲜人民军，双方一场恶斗，美军特遣队伤亡大约 180 人。此战，查尔斯·史密斯指挥军队埋伏在山谷两边，意图挡住 5000 朝鲜人民军。麦克阿瑟后来称这次战斗为精心计划的一次骄傲的"力量显示"。美军起初的确打得朝鲜人民军措手不及，但朝鲜人民军凭借强大的苏制 T-34 坦克强行突破，最终赢得了胜利。

★美朝初战，T-34 坦克显威风

T-34 坦克无论在装甲、火力还是动力方面都堪称一流。车身装甲厚度 45 毫米，正面装甲有 32° 的斜角，侧面也有 49°。炮塔是铸造而成的六角型，正面装甲厚度 60 毫米，侧面也是 45 毫米，车身的斜角一直延伸到炮塔，因此 T-34 从正面看几乎是一个直角三角形。

斜面装甲有两点好处：首先炮弹击中后容易弹开即"跳弹"，威力大减；其次根据三角原理，一枚水平射来的炮弹，击中斜面装甲以后，需要穿过的钢板厚度相当于三角形的斜边，因此 T-34 坦克 60 毫米厚、32° 斜角的正面装甲，防护能力相当于 70 毫米，而 49° 斜角的侧面装甲也相当于 54 毫米。这样的正面装甲，许多火箭炮在 500 米距离上都无法穿透。

一辆 T-34 坦克通常备弹 77 发，包括 19 发穿甲弹，53 发高爆弹和 5 发破甲弹。T-34 具有超强的越野机动能力，在冰天雪地的

军用机场上忙碌的美军

东线战场，T-34可在雪深一米的冰原上自由驰骋，被德军称为"雪地之王"。还有一个关键点，就是坦克操作简单，一个从没有学习过坦克驾驶的农民可以在几天内学会怎样驾驶T-34。在斯大林格勒战役中，城市内工厂里的工人正在制造T-34坦克的生产线上工作，每当纳粹德国的军队开来时，坦克修理厂的工人就驾驶T-34坦克与德国军队作战。

第二章
联合国军败退

★ 第8集团军在洛东江上那块不得退却的阵地无从防守，美韩军队也已被迫从东海岸那些小小的港口仓皇登船，逃之夭夭。
★ 拉锯战慢慢耗掉了第4师的精力，T-34坦克也没能再创奇迹，在美军的"M26潘兴"式坦克、"F-51野马"式战斗机的合力攻击下，T-34坦克连连遭到厄运。战争的天平终于向美军倾斜，朝鲜第4师弹尽粮绝，被迫撤出战场。
★ 朝鲜领导人已经把朝鲜的陆地看作了自己的囊中之物，却完全没有意识到朝鲜半岛三面环水，而美国对这一水域占有绝对的优势！
★ 麦克阿瑟想从背后进攻，这样既可以避开沿洛东江驻扎的朝鲜军，又可以从侧翼发动进攻。因此，他计划沿着抵抗最小的地域开战。另外，在选择易守难攻、危机四伏的仁川港时，他也选中了敌人最料想不到的地方。

1. 人民军的失误

有苏联提供的坦克开路，朝鲜人民军像赶鸭子一般驱逐着美军和韩国军队。他们发现美军并没宣传中的那么强大，信心倍增。美国分批赶到战场的军队根本抵挡不住朝鲜人民军的强大攻势。朝鲜人民军已经逼到锦江。

7月14日，美军陆续开到朝鲜仅有两星期时间，而地面战斗的经历也不过10天。在此期间，美国人的态度发生了极大变化，从

美军离开日本，前往韩国

正在装填炮弹的士兵

原来的从容自信变成了惊恐万分：迄今已登陆的少量美国军队也许遏制不住朝鲜军队，朝鲜军队也许会占领朝鲜半岛。在锦江一线，双方在时间上的争夺达到了白热化程度。

与此同时，麦克阿瑟和参谋长联席会议对朝鲜的军事介入也迈出了一大步：第8集团军正式将其司令部从日本移到了韩国大邱。该军司令官沃克来到大邱领兵挂帅。韩国总统李承晚将韩国军队置于麦克阿瑟这位"联合国军司令官"的统帅之下。麦克阿瑟又委任沃克为所有在朝联合国军的陆军司令官。

朝鲜战争已不再是一个附带事件：对于美军远东司令部和整个美国军界来说，朝鲜已成为主要事件。美国开始往远东紧急空运急需的装备和人员。军事空运部队在加拿大和比利时的帮助下，已扩大到了原来的4倍。加拿大派出了一个中队，共6架运输机，比利时也支援了几架运输机。空运部队从原来的60架四引擎运输机增加到了250架。美国西海岸的港口开始堆积起为朝鲜紧急征用的各种各样的装备。凡能调集的船只也统统被征用。

在锦江一线，美国所能集结的用于抵御朝鲜前进的兵力只有一个兵员不足的第24师。在这个饱受创伤、仅有1.14万名兵员的第24师身上寄托着守住联合国军防线的希望。

然而该师是根本靠不住的，因为它的3个步兵团都以不同的方式被削弱了力量：第19团的兵员最多，有2276人，但却被立即投入到锦江一线的防守上，没有时间进行调整适应；第34团有2000人，一星期前曾在锦江以北遭到沉重打击；第21团在阻挡朝鲜人的前进方面表现得相对较好，但也为胜利付出了代价，其实力大为削弱，该团兵员现已减少到1100人。

作战中的美军士兵

美军伞兵空降朝鲜

针对第 24 师，朝鲜人投入了第 3 师和第 4 师。这两个师经过 3 个星期的战斗，实力也大为下降，其兵力约为原来的 70%（每个师约有 6000 人）。等到他们抵达锦江之时，大约还剩下 50 辆坦克，其中第 4 师有 20 辆，第 3 师有 30 辆。但是朝鲜人占有主动权，必要的时候，他们可以请求第 2 师前来助战。

朝鲜人民军依旧勇猛前进，很快突破了锦江防线，并干净利落地打垮了美军第 24 师第 21 团，接着又从两翼包围了第 19 团。对于第 19 团以及所属的炮兵营来说，这是灾难性的一天。整个夜晚和第二天（7 月 17 日）里，在参加战斗的 3400 名步兵和炮兵中，有 650 人丧命。

锦江防线已被突破，朝鲜的第 3 和第 4 师已经顺利越过防线，向洛东江对岸的大田城挺进。而大田城是重要的公路交通中心,有5条公路通过该城。

第8集团军司令官沃克于7月18日飞抵大田机场。他认为洛东江一线必须是不能退却的阵地。如果朝鲜人像突破锦江那样越过洛东江,那么美军和韩国军队也将被迫退回釜山,陷入难以防守的境地。

美国的增援部队正大批赶来。但是,他们进入阵地,在洛东江构筑防线需要时间。这意味着战线上唯一可以动用的饱经创伤的第24师必须尽可能长时间地阻滞朝鲜人的前进速度。

第24师师长迪安领了个很不讨好的差事。沃克对他说,只要坚守两天,他就能把第1骑兵师调上来。第24师几乎已经到了筋疲力尽的地步,第19团、第21团已经遭到极大的打击,意味着防守大田的主要任务落在了第34团的肩上。

另外,第24师根本没有与T-34坦克相匹敌的中型坦克。美军最精良的安装有90毫米高速火炮的M26坦克仍在供应途中,旧的第二次世界大战时期的备用装备——M4"谢尔曼"坦克也在供应途中。在远东司令部的任何地方,105毫米穿甲炮弹(高爆反坦克炮弹)都少得可怜。迪安提出紧急交货的要求,但是迄今未见货到。

武器落后,兵力不足,能否坚持,谁都不敢保证。

7月19日,争夺大田的战斗随着双方的空中打击开始打响。

对于第24师来说,大田之战不啻是灭顶之灾。两天时间里,

美军 M26 坦克营

参加大田战斗的近 4000 人中，几乎有 30%（1150 人）的人员伤亡或失踪。7 月 22 日中午，该师后撤，将前线阵地移交给匆匆赶来的第 1 骑兵师。自从"史密斯特遣队"在乌山首次跟朝鲜部队交战以来，朝鲜的两个师在 17 天当中迫使第 24 师后撤了 160 公里。该师被派到朝鲜作战时有 12200 名士兵，而今已有四分之三的人伤亡或当了俘虏。

不过，正是因为第 24 师的牺牲，为美国和韩国的军队赢得了时间，构建了大邱西面的洛东江防线。但这时在日本海和黄海海

美军关押战俘的俘虏营

岸，都发现有朝鲜军队在进行极其危险的调动。朝鲜指挥部已经制定了一个针对整个韩国的宏大的双重包围圈战略——兵分四路，主力从中路双线推进，另外两路从两翼绕道扑向釜山。左边由朝鲜第5师以及第766独立支队沿着日本海的东海岸公路前进；右边由朝鲜第6师沿黄海海岸穿越朝鲜西南。两翼如两把钳子，配合中路钢刀，目标均是釜山。

朝鲜的战略实际上是围绕中心敌人缓缓推进，以强大的攻势将敌人的主力吸引到中线，两翼试图从空虚无防，或者至少是防守薄弱的地方寻求突破。

人民军第3师和第4师动用150辆坦克中的120辆，挺进路线是汉城—大田—大邱轴线。这次进攻像磁铁一样吸引了首批美国部队，因为进攻对美韩部队来说显然极其危险。另外，中路进攻还有一条轴线，朝鲜投入了6个师和1个坦克团的兵力，有可能穿过关隘，进入洛东江流域上游，这样便有可能攻到大邱。因此，这一防区不仅吸引了大量韩国军队，而且迫使沃克将美军第25师投入到了这一防区。

朝鲜的战略盘算如神：首批入朝美国第1骑兵师、第24师、第25师都投到了中路；韩国军队也几乎全部部署在中间战线，与朝鲜部队的主力形成对峙之势。

美军运转伤员

高高的太白山脉将东海岸那条公路与朝鲜的其余疆土分隔开来。沿公路部署的朝鲜第5师和第766独立支队的对手只有韩国第3师的一个团；沿西海岸推进的朝鲜第6师，只有韩国第7师的几百名缺乏组织的幸存者与之抗衡。

因此，朝鲜大获全胜的一场戏剧即将上演。

在中线战场上，美国和韩国部队针对朝鲜几个师的大力强攻进行了激烈抵抗。朝鲜侧翼部队所必须做的，就是沿着外围的几条道路全力向釜山推进，而在他们的前进道路上，根本没有什么实质性的抵抗力量。

在东海岸沿线，朝鲜部队由于担心敌人从后方攻击，面对荒无人烟的太白山脉进行刺探侦察，尽管山里几乎人迹罕至，也没有几条横穿山脉的道路，而且所有的道路都可轻而易举地加以封锁。朝鲜的这种侦察既消耗了力量，也失去了很多时间。待到7月17日那天，朝鲜军队才推进到盈德，如果他们行动迅速一些，完全有可能直抵釜山，但是时机已经错过——事实上，在美英海军的炮火轰击以及联合国军的空中打击下，韩国军队在盈德重整旗鼓，补充了新的队伍。他们在3星期拉锯式的苦战中，将朝鲜军牵制在原地。

在西海岸，局势更为奇特。韩国部队的防守相当薄弱，但朝鲜第6师却从天安调头向西南开去，突入到无人防守的区域。他们并没有全力以赴向釜山进军，而是花了几天宝贵时间占领了朝鲜南部所有的港口。此举既无必要，又令人费解，使得第6师的推进耽搁下来。这正好为慌乱不堪的第 8 集团军赢得了时间，使他们能够紧急调兵前去堵截。

后来，沃克收到了情报机构的报告，说是朝鲜人需要那些港口，以便通过水路为西南部的朝鲜军队运送给养。这似乎不大可能，因为联合国军拥有整个制海权。比较符合逻辑的是，朝鲜指挥官不相信朝鲜西南部没有防守的部队，由于担心来自海上的联合国军进攻，于是就踏遍西南的所有乡村，搜索防守队伍，并拿下了所有港口。

朝鲜军队战后在清算自己的错误时，第 6 师没有全力以赴向釜山进军，被认为是一个不可原谅的错误。倘若该师迅速而又果断地向釜山推进，他们就已拿下釜山。第 8 集团军在洛东江上那块不得

麦克阿瑟和沃克在机场

美军炮兵阵地

退却的阵地就无从防守，美韩军队也已被迫从东海岸那些小小的港口仓皇登船，逃之夭夭。

7月24日午夜之前，精疲力竭、兵员不足的第24师第19团开始向釜山以西的晋州运动。蒙受同样创伤的第34团运动到了晋州以北，那里位于洛东江西南，距洛东江仅27公里。这两个团都只有一个营多一点的兵力：每团大约1150人。第24师的第21团，已被临时部署在韩国部队身后的一座阻击阵地上。

朝鲜第6师尽管延误了进入预定地域的时间,但士兵都非常清楚他们的使命。用他们的师长方的话来说,就是"解放晋州和马山",最后一战是"切断敌人的咽喉",即攻克釜山。

美军此刻已经无兵可调,显然无力阻挡朝鲜人民军的冲击。不过,美军运气很好,从冲绳调来的第29团赶到了釜山,被及时送到了前线。

朝鲜人民军在中路继续迅猛推进,一连几天的攻击,将美军几个团再次打得七零八落。但西路的朝鲜第6师陷入了阵地战,东路第5师和第766支队在盈德战场上也遭到抵制。

★ 懒散的美军

美国军队在朝鲜战争初期溃不成军的情形,让人怀疑这是不是那支在第二次世界大战中英勇善战的部队。第二次世界大战中,美国高级将领组织大规模战役的超凡能力和美国士兵在极端残酷的境遇中勇敢顽强的战斗意识,难道在朝鲜战场上丧失殆尽了吗?

一位美国记者和一名美国士兵曾有过如下的谈话。

士兵:他们说这是警察行动!

记者:有警察?有强盗?军官们没有对你们解释吗?

士兵:没有。我们不和鲍比谈这个。

记者:鲍比是谁?

战败的美国士兵倒在路边休息

士兵：鲍比，你不知道？我们的排长。

记者：那么，鲍比没有对你们说吗？

士兵：没有。恐怕他也说不清楚。

一位美国随军牧师描述说：在被占领地人民的眼里，这些美国士兵都是些可怜的年轻人，他们不懂得为什么打仗，也不懂得胜利的意义。很多美国大兵就在幻想中丢了性命。

2. 艰难的攻防战

第 8 集团军于 8 月开始向洛东江后面撤退。其中有一个重大变动：沃克把第 25 师派到朝鲜最南端，该师和刚刚抵达的海军陆战旅以及集团军所属的第 5 团战斗队奉命前往阻击，而朝鲜第 6 师正企图从西路突破，直取釜山。

在后撤的过程中，第 8 集团军和韩国军队向后退却，形成了所谓的"釜山环形防御圈"，这是一个南北长约 160 公里，东西宽约 90 公里的长方形地带。

防御圈的北侧和西北角，由韩国的 5 个师来防守；西边主要是美军第 25 师防守，加上新近从夏威夷来到朝鲜战场的第 5 团战斗队，来自美国本土的 4700 人的第 1 临时海军陆战旅（即第 5 海军陆战团）。第 5 团战斗队带来了 14 辆装备有 90 毫米高速火炮的中型"M26 潘兴"式坦克，海军陆战旅有整整一个 M26 坦克营。

除此之外，从太平洋岛屿打捞出的 54 辆第二次世界大战时期的 M4A3 谢尔曼中型坦克，经过日本军械修理厂的一番处理，也交付给了刚刚组建的坦克营使用。美国人终于有了可以与 T-34 相抗

M4A3 谢尔曼中型坦克

衡的坦克，而且还有 80 辆坦克正从美国海运而来。

接着，第 2 步兵师第 9 团、第 23 团、第 38 团亦随之而来。美国大规模的军事集结正在加紧进行。

尽管美军加强了增援力量，但当时人们认为，朝鲜的兵力远远超过美军和韩国的兵力。纽约《时代》周刊报道说，朝鲜部队"如波浪般一浪接一浪"。事实上，此刻美军与韩国军队的作战兵力有 9.2 万人，而朝鲜方面投入战斗的 11 个师仅有 7 万人。而朝鲜的炮兵力量已大大削弱，坦克数量也降至 40 辆。朝鲜方面大炮与迫击炮的数量也减至战争刚开始时的三分之一。

造成对朝鲜兵力估计过高的部分原因，在于美军情报机构不知道韩国军队对朝鲜方面造成的伤亡有多大。麦克阿瑟的情报部估计，朝鲜伤亡人数为 3.1 万人，而陆军部的估计是 7500 人。根据当时对战俘的审讯，朝鲜人的伤亡约为 5.8 万人。无论出入有多大，也绝无理由相信美军与韩国军队在数量上仍处劣势。

釜山防御圈仍有一段门户敞开的战线。它距釜山不到 33 公里，位于马山以西，是最危险的地段。为此，沃克在那里集结了第 25 师、一个海军陆战旅和第 5 团战斗队、两个中型坦克营，即海军陆战队的一个营和第 89 营。仅这一战区的坦克数量就是朝鲜人发动战争时坦克数量的三分之二。停泊在朝鲜海峡的两艘护航航空母舰

战时机动性极强的美军机械化步兵

"西西里"号和"培登海峡"号上，还有两个装备齐全的"海盗"式战斗轰炸机中队，也可随时增援。

沃克认为，他在南部已拥有足够的兵力，完全可以发动一次大反攻。这也将是美军在朝鲜战争中的第一次反攻，攻击目标就是仍在向马山推进的朝鲜第6师。

美军在数量上占有明显优势，人数是朝鲜军队的两倍多，坦克是朝鲜军队的4倍，大炮是朝鲜军队的两倍还多。此外，美军完全

美军"海盗"式舰载机

掌握了制空权。由于美军强大的空中力量，朝鲜军队已停止了白天行军。

第 8 集团军的计划是向西进攻，然后向北开赴锦江。

这是一个雄心勃勃的作战方案，但美军的第一次反攻竟然被瓦解了。兵员严重不足的朝鲜第 6 师和第 83 摩托化团，顶住了装备精良、兵力是其两倍的美军。

对于美军来说，拥有高度的机动性和极为强大的武器装备是远远不够的。机动性意味着对公路的依赖，公路两旁都是崇山峻岭，敌人轻易就可占领。美军指挥官得出如下结论：要战胜朝鲜人，美军必须翻山越岭，用枪炮、手榴弹直接把敌人从阵地上赶出来，并要精心地指引迫击炮和大炮进行轰击。

8 月后半月，第 25 师及附属的第 5 团战斗队，企图攻占小北山居高临下的陡峭山峰。在这半个月里，一个小山头会在一天中被争夺两三次。朝鲜军队往往在夜晚攻下山头，美军在第二天将其夺回。到 8 月底时，美军和朝鲜军队形成了一种僵持不下的危险局面。

焦躁不安的朝鲜军司令部深知，打败韩国军队及其盟军的这场冒险留给自己的时间不多。于是，在 8 月和 9 月的大部分日子里，朝鲜人民军一次又一次地发起顽强进攻。

虽然美军和韩国军队始终认为朝鲜军队在数量上占有优势，而事实却并非如此。朝鲜方面非常清楚，无论在人数，还是在武器与火力方面，他们都处于劣势。

对于大多数韩国和联合国军士兵来说，朝鲜兵力带来的错觉的确令人信服。朝鲜军队一直都在进攻，而且通常都取得了胜利。他们所考虑的是前进，而美军与韩国军队则总是在想着防守。虽然朝鲜军队损失惨重，但他们却能一直保持着攻势。此刻，美军在朝鲜的4个陆军师已达到了战时满员编制数，即每师3个团，每团3个营。此外，每个师拥有4个炮兵营，中型坦克的数量也已超过200辆，并且还在不断增加。

更为严重的是，第一支"盟军"地面部队也来到了朝鲜战场，这就是英军第27旅，编有1600人，相当于一个团的建制。

美军强大的运输能力也给朝鲜人民军造成了威胁，海军战斗

由坦克护送的美军运输队

机所需的新式反坦克火箭弹,以及新式的锥形装药火箭弹等急需物资,纷纷从美国本土空运而来。

面对如此强大的军事集结,朝鲜从长远来看毫无取胜的机会。金日成的压力陡增,决心不管怎样,也要在美军围绕防御圈设置的钢箍拉紧之前突破釜山,把可恨的美国佬及其韩国奴才赶到大海里去。

随着日子一天天过去,朝鲜人的伤亡日益增加,这个希望逐渐变成梦想。

惨烈的攻击战继续着,朝鲜第6师企图打破僵局;朝鲜第4师向洛东江突出的一个地方发起猛烈进攻,试图寻求突破;朝鲜第3师、第10师也拼命突进;在大邱以北和西北方向,朝鲜第1师、第13师和第15师发起了主攻,把韩国军队赶到了距离大邱20公里的地方;与此同时,朝鲜第12师和第766支队在东海岸突破太白山脉,对在盈德附近与朝鲜第5师作战的韩国第3师实施侧翼攻击。

绳索虽然渐渐勒紧,但每推进一步都万分艰难,釜山防御圈的北面往里收缩了20到30公里,不过没有再向里收缩。

在洛东江一线,尽管人民军暂时渗透到了纵深处,但美军的防线并没有被突破。不过有段时间,美军指挥官的确担心会被攻破。美军和韩国军队之所以取胜,主要原因在于防御圈内那条至关重要的釜山—庆州—大邱—釜山的铁路环线,在陆军运输部队列车员掌管下运转得极好，它成功地担负起了输送给养的重任，最终使每支部队都得到了足够的武器弹药。

铁路补给系统使炮兵得以猛攻朝鲜军队的集结地点，也使沃克在紧急情况下，能够将部队从防御圈的一个地方迅速调到另一个地方。在内线作战的部队要比在外线作战的部队更加灵活。

美军和韩国军队拥有足够的，甚至是丰富的补给品，而朝鲜的补给一般说来很可怜。在东北山地战线作战的朝鲜第12师，只能在夜间跑到附近的村子里去搜寻食物。

釜山防御圈首次使美军有机会建立起一条比较连续的战线，其左右两翼都有部队防守，后方也有预备队，这正是美军所熟悉的作

一辆满载弹药的美军卡车

战方式。这条战线的重建，为美军官兵提供了及时的安全保障，大大提高了美军的战斗力。

在洛东江一线，沃克所采取的战术就是在河东岸最高的山峰上，建立一系列据点。

站在这些据点上，洛东江以及从洛东江到美军控制地带的所有道路都一览无遗。白天防守这些据点的人并不多，只把它们当作观察哨所使用。

到了晚上，这些据点就成了监听站和小型防御圈。观察哨所的任务就是充当前沿监听站和前哨试探性防线，一旦发现敌人企图渗透，就立即提醒指挥官。洛东江一线的真正战斗要留给离江几公里远的后备部队来打，他们随时都在准备向渗透进来的敌人发起反攻。

这是一个极好的体系，因为它可使美军最大限度地集中兵力，对任何危险的地方实施攻击。部署在江岸之后的大炮和迫击炮可以向探明的渡口以及其他目标开火，也可在有限范围内将炮火集中使用。

美军的轻兵器可以向朝鲜人所能利用的一切通道扫射，大炮则可用来轰击。最重要的武器还是榴弹炮：自美国内战以来，数量众多、威力巨大的大炮已成为美军的标志。在洛东江沿线，美军炮兵已迅速恢复了传统的战争主宰地位。

朝鲜军队曾三次渡过洛东江。两次是从韩国军队防区，第三次

美军 105 毫米榴弹炮

是在第 24 师的防区。最后这一次渡江极其危险，对整个防御圈构成了威胁。如果朝鲜人民军插入，就有可能将洛东江江湾以北的美军与马山周围的第 25 师切断，而且也有可能切断大邱至汉城的主要铁路和公路，给美军的补给带来灾难性后果。

此次进攻由当时已小有名气的第 4 师发起，进攻目标是"洛东江江湾"，此地距南江与洛东江交汇处以北 5 公里。

对于朝鲜第 4 师的进攻，沃克除了动用第 5 海军陆战团外，他又调集陆军第 9 团、第 34 团和第 19 团，并部署了 54 门 105 毫米榴弹炮和一个 155 毫米榴弹炮营，海军陆战团则配备有黑色的"海盗"式飞机。

美军出动了 18 架"海盗"式飞机，把朝鲜第 4 师的阵地炸得一塌糊涂。一开始朝鲜第 4 师没怎么反击，但是等"海盗"式飞机一离开，士兵就爬回到前沿的散兵坑，向正在往上爬的美军射击，并向他们投掷手榴弹。

拉锯战慢慢耗掉了第 4 师的精力，T-34 坦克也没能再创奇迹，在美军的"M26 潘兴"式坦克、"F-51 野马"式战斗机的合力攻击下，T-34 坦克连连遭到重创。战争的天平最终向美军倾斜，朝鲜第 4 师弹尽粮绝，被迫撤出战场。战斗结束后，被俘的人报告说，朝鲜第 4 师的 3 个步兵团都只剩下三四百人。

"M26 潘兴"式坦克

★ "M26 潘兴"式坦克

传统的炮塔式坦克，车内由前至后分为驾驶室、战斗室和发动机室。乘员5人，即车长、炮长、装填手、驾驶员和副驾驶员。

坦克全重41.9吨，车长（炮向前）8.648米，车宽3.513米，车高2.779米。主要武器是1门M3型90毫米火炮，为了使火炮平衡，炮塔尾部向后突出。火炮配用曳光被帽穿甲弹、曳光高速穿甲弹、曳光穿甲弹和曳光榴弹，弹药基数70发。

辅助武器有3挺机枪，1挺12.7毫米高射机枪装在炮塔顶部的高射机枪架上，1挺7.62毫米机枪与火炮并列安装，另1挺7.62毫米机枪装在前装甲板上。弹药基数分别为550发和5000发。

火控装置包括炮塔的液压驱动装置和手操纵方向机、观瞄装置、象限仪、方位仪和火炮稳定器等。

3. 危机重重

朝鲜人民军第4师在洛东江江湾的进攻战失利，同期间对大邱的联合进攻也遭到了顽强的抵抗。

从大邱西北发起进攻的是具传奇色彩的朝鲜人民军第3师，从西南发起进攻的是刚刚组建的朝鲜人民军第10师。

在8月9日凌晨，朝鲜第3师第7团悄悄偷渡涉水过江，开始了集中进攻。美军第5骑兵团的士兵发现了朝鲜军队，迅速调用早已装备好的大炮进行集中轰击。然而一部分朝鲜士兵已经过江，并向东边挺进。

不久，朝鲜第3师另外两个团企图在南边更远的地方过江。那时，对面的整个美军前沿防线都处于高度戒备状态。

美军第5骑兵团

当两团人马走到河中间时，美军照明弹与照明灯将河面照得通亮。美军的大炮与自动武器雨点般倾泻在朝鲜军身上。大部分幸存者逃到了西岸的安全地带，但第7团约有1000人冲上了江东的268高地，那里距江岸不过16公里。

268高地被称作三角形高地，战术地位十分重要。

美军第1骑兵师师长盖伊立即派遣第7骑兵团的一个营前往夺取该高地。战斗持续了两天，在重炮、迫击炮和坦克的联合进攻下，该营将朝鲜300名士兵赶回了江对岸，其余700名朝鲜士兵大部分死伤在了迫击炮和浓密的炮火之下。美军火力又显示出了它在第二次世界大战后期所拥有的威力。在美军的频频进攻下，朝鲜第3师沦为一支仅有2500人左右的溃散队伍，不得不彻底退出战场，重整旗鼓。

朝鲜第10师的进攻也在美军炮火狂轰滥炸下失利。

在大邱以北，穿过崇山峻岭的朝鲜人民军第1师、第6师和第8师却取得了重大进展，已直逼离大邱正北方向24公里的多宝洞。朝鲜军的渗透已危及大邱的安全。大邱城内人口骤增，除了平常的3万名居民外，又来了4万多难民。李承晚也把首都迁到了釜山。这一举动让成千上万的韩国人惊慌失措。他们拼命向南逃难，这给部队提供给养带来了麻烦。尽管如此，第8集团军还是采取了果断措施，遏制住了撤退的浪潮。

沃克针对朝鲜人民军对多宝洞走廊的威胁采取了果断措施。他

逃到釜山的李承晚（左）与美国军官

将手下的"救火队"第27团投入战斗，并给予坦克和大炮支援。

尽管朝鲜人民军指挥部在防御圈战斗中组织了唯一一次坦克的强大支援——共计21辆新T-34坦克，在多宝洞一带进攻的朝鲜军就得到了其中14辆。但美军的装备也不逊色。

在多宝洞以北这块地方，朝鲜战争中最不寻常的一场战斗持续了7天7夜。这里的战场是一条1.5公里长的南北走向公路，路

苏制 T-34 坦克

两侧是绵延数里高耸入云的山峦，山上根本无路可走，因而被称为"保龄球道"。如果朝鲜军队想要突入到大邱，就不得不从这里通过。美军第 27 团扼守在路的南段，而韩国第 11 师则镇守在公路两旁的山峦上。

8 月 18 日，天刚一黑，朝鲜的迫击炮和大炮一起开火，为发起进攻做好准备；接着，两辆 T-34 坦克和一门 76 毫米自行式火炮在前面开道，步兵紧随其后，有的徒步，有的乘坐卡车，浩浩荡荡沿着"保龄球道"开来。

走在前面的坦克轰鸣着驶向前去，并没有向敌人开火，跟在后面的那辆坦克却胡乱地向不同方向打炮。第 27 团的火箭炮分队一直等到坦克靠近美军防线时才予以回击：一发火箭弹摧毁了第二辆坦克，有两枚火箭弹打到了打头阵的坦克上，但都没有爆炸。不过，已被吓坏的坦克手却扔下坦克，掉头就跑了。

与此同时，第 8 炮兵营的穿甲弹摧毁了朝鲜军的那门自行式火炮，打坏了两辆卡车，打死了 100 多名步兵。后来又有 3 辆 T-34 坦克沿着"保龄球道"开来，不过看到战友们的遭遇后，急忙掉过头向北开去。

接下来的 6 个晚上，双方之间的交战就这么持续着，紧张而富有戏剧性。先是由迫击炮和坦克轰击一阵，然后朝鲜军队便沿着

"走廊"向前推进，而美军等待有利时机向他们开火。感到畏惧的美军士兵眼瞧着 T-34 坦克在走廊北段列成一线，并不断向路南端的美军阵地发射穿甲弹，企图摧毁那里的 M26 坦克。枪炮发出强烈闪光，高速炮弹像红色的圆球一样在黑夜里急速划过。炮弹落地时引起的爆炸声和枪炮的射击声在山中引起的回响震耳欲聋。在这段两公里长的"保龄球道"，美国士兵掷出去的不是保龄球，而是具有爆炸力的巨大弹头，企图打翻公路那头的坦克。

这场奇特的战斗还出现了其他一些花样。朝鲜军运用照明弹来配合自己的行动，而美国人很快就意识到，绿色的照明弹是个信号，标志着即将对某一地点实施进攻。因此，只要开始进攻，美军就在自己的阵地上方发射照明弹，经常让朝鲜士兵摸不着头脑，稀里糊涂地进入到等候在那里的美军枪口下。

美国人还在这狭长的"球道"中埋下了反坦克地雷，有效地阻挡了朝鲜军的坦克。当朝鲜士兵企图清除地雷时，美军的照明弹就将那个地方照得通亮，早已待命的大炮、迫击炮和瞄准好的自动武器一起开火，弹雨铺天盖地地落到不幸的朝鲜军身上。在这种僵持战斗中，双方的火力都很猛烈。8月21日夜，第8炮兵营的一个连就发射了1660发105毫米炮弹，106毫米迫击炮排发射了900发炮弹，81毫米迫击炮排打了1200发炮弹。而整个"球道"只不过几百米宽。在那一晚的战斗中，朝鲜军就伤亡了1300人。

白天的时候，朝鲜军队也没有多少喘息的机会。美军的飞机反复向朝鲜军队阵地进攻。8月20日，飞机对朝鲜军队的阵地进行扫射。由于离美军士兵太近，机枪炮弹竟落在了第27团所构筑的散兵坑里。

朝鲜军队在这条"保龄球道"中被打得七零八落，朝鲜军队的指挥部好像迟迟意识不到。他们一直在按美国的规则玩这场游戏，而不是按自己的规则来玩。他们一次又一次进入美军布好的陷阱。美军阵地拥有强大的火力，而依靠朝鲜军的那点力量根本无法突破阵地，况且他们每天还要受到美军炮火和飞机的骚扰。这迫使他们

战斗中的朝鲜人民军

必须改变战术。

朝鲜军队于是又回到他们那种已被实践证明是可行的老套路，即侧翼包抄，并设法在美军阵地后方设置路障。到这时为止，朝鲜第1师已到达"保龄球道"以东地带。8月21日深夜，朝鲜一个团从东面山区峡谷向敌人阵地渗透，中午时已来到第27团阵地后方10公里处。那地方在大邱北面，距大邱仅有15公里。

朝鲜军队迅速以轻兵器火力控制住了一段8公里长的主补给线。当天下午，他们又进攻了美军的一个营，该营几天前被派来执行防守任务。然而，依靠朝鲜的那点力量，根本无法突破阵地。过去在锦江和大田那段被动挨打的日子对于美国人来说已一去不复返了。空军、海军和澳大利亚的飞机不断向朝鲜人聚集的山岭发动攻击，B-26轰炸机的一次打击就投下了大约2万公斤炸弹，朝鲜军不得不撤退。几天后，美军发起了对朝鲜军队的进攻，一天时间便肃清了山岭上所有的敌军。

"保龄球道"的战斗结束了。精疲力竭、士气低落的朝鲜士兵停下来休整。第27团返回马山，回到了他们所属的第25师。

麦克阿瑟认为敌人接着会从西部发起进攻，根据远东司令部情报部门提供的一些报告，这一地区集结有4万名朝鲜士兵，整个防御圈上朝鲜实际有7万人。

麦克阿瑟把远东空军司令乔治·斯特拉特迈尔召到了他驻东京的办公室，向他布置了一项空军战史上最为惊人的战斗任务。麦克

美军沿公路追击朝鲜军队

阿瑟想动用空军的B-29轰炸机,对朝鲜人民军的集结地方实施地毯式轰炸。

远东空军轰炸机指挥官估计,他可用每枚225公斤重的炸弹对5平方公里的地方进行饱和轰炸,但麦克阿瑟司令部选定的轰炸目标竟有42平方公里之大。即使动用轰炸机指挥部在冲绳的98架B-29超级堡垒式轰炸机,也不可能对那片42平方公里的地区实施饱和轰炸。那地方是山区,峰峦起伏,沟壑纵横,再猛烈的轰炸都会受到遏制。

最后,轰炸机指挥部的军官们将那片地区分成12个面积均等的区域，由 12 个 B-29 轰炸机分队分别对中心地带进行轰炸。

空袭开始后，半小时内，98 架轰炸机从 1500 米到 3000 米的高空对指定目标进行了轰炸。B-26 轰炸机投掷了 225 公斤重的炸弹 3084 枚，450 公斤重的炸弹 150 枚。这是自诺曼底进攻以来对地面部队直接援助中动用空中力量最多的一次，其重创效果相当于 3 万发重型炮弹。

朝鲜人民军阵地上浓烟滚滚，尘土飞扬，空中观察无法进行，因此难以评价所造成的破坏。由于离得太远，也根本不知所发生的情况。派出去侦察的地面巡逻部队根本就没有到达那里。

后来，美军从战俘那里得到的消息证实，朝鲜的几个师早已渡过洛东江到了东岸，而不是像远东司令部所想的那样，还在洛东江西面集结。

过去在锦江和大田那段被动挨打的日子，对于美国人来说已成为历史。空军、海军和澳大利亚的飞机不断向洛东朝鲜人聚集的山岭发动攻击，B-26 轰炸机的一次打击就投下了大约 2 万公斤炸弹。精疲力竭、士气低落的朝鲜人民军终于停下来休整。

在釜山环形防御圈的恶战中，一场决战正在酝酿之中，只是战斗将在别处打响。

麦克阿瑟将军已经制订了一项彻底摧毁朝鲜军队的计划，其中也包含彻底摧毁朝鲜政府的打算，但是当时西方还没有人看出这一点。

★ B-26 轰炸机

B-26 轰炸机在第二次世界大战中起到了重要的作用，是一种重型轰炸机。第二次世界大战后，它渐渐淡出历史舞台。B-26 轰炸机没有好的名声——它以"寡妇制造者"而闻名。在早期的使用中，B-26 坠毁的比例较大，但在经过改进后，已得到很大的改善，坠毁率已降到正常水平。不过，这时已很难改变它在人们心目中的形象了。第二次世界大战时，在欧洲战场，B-26 轰炸机被用来执行对德军进行战术轰炸。这些飞机没有装备 Norden 轰炸瞄准器，而是在驾驶舱副驾驶座位安装了 N-6 射击瞄准器，由副驾驶负责投放炸弹。

1943 年 5 月 14 日，它担负了第一次空袭任务。第 322 轰炸大队的 B-26 轰炸机以 100 到 91 米的高度穿过防空炮火，对位于荷兰的弗尔森发电站进行了轰炸。

美军 B-26 轰炸机

第三章
麦克阿瑟的计划

★ 麦克阿瑟告诉参谋长们，敌对状态结束之后的任务将是"促成和解，统一朝鲜"，这就可能需要占领整个朝鲜，尽管在当时这只是一种推测。

★ 麦克阿瑟和华盛顿之间产生了新的危机，这次是关于台湾问题的。杜鲁门极为恼火，甚至认真地考虑要将麦克阿瑟就地免职。

★ 麦克阿瑟表示，如果在仁川登陆遭到顽强抵抗，他将在现场立即指挥撤退，不会造成重大的人员损失，损失的只是他的个人声誉。

★ 目前，沃克没有把握能够率第8集团军冲出釜山防御圈。他此刻正处在人民军的包围中，"在堵住他的防线漏洞上已经焦头烂额，无从考虑今后突围的事"。

1. 早就设计的阴谋

战争开始仅仅几天，麦克阿瑟便想到了这个主意，并且一开始就想到了在那儿下手——仁川，通往韩国首都汉城的港口城市。

这个计划之所以不同寻常，在于它实际上是为局势所迫，然

仁川登陆纪念公园雕塑

靠岸的美军两栖登陆艇

而，麦克阿瑟却不得不和美军高层领导——参谋长联席会议作一番顽强斗争，以便使这个计划得以通过。

当然，所有绝妙的主意都是简单的，关键在于要比任何人都先想得出来。在这个事件上，同代人中没有人想到，而麦克阿瑟却想到了。或许这是对天才的真正检验。

仁川登陆的起因及实施是罕见的，因为使之成为可能的诸多事件表明，朝鲜领导人一再对形势做出了错误的判断。

第一个错误在许多方面都是最令人难以置信的。这就是在美国参战以后，朝鲜领导人仍然不依不饶地发动进攻。朝鲜的进攻坚持得越久，取得的胜利越大，但是，他们在战略上越是注定要失败。他们几乎倾注了所有军队，力图把韩国及美国的军队赶到朝鲜南端的大海里去，从而，无意地为美军更大规模的翻盘创造了机会。

朝鲜军队向南渗透得越远，他们就在美国人从其身后任何地方所布的口袋里陷得越深。朝鲜领导人已经把朝鲜的陆地看作自己的囊中之物，却完全没有意识到朝鲜半岛三面环水，而美国对这一水域具有绝对的控制权。

美国拥有世界上最强大的海军，可以在朝鲜军队后方的任何地方部署两栖部队。几乎可以绝对肯定，在空军和海军的轰炸下，朝鲜根本不可能阻止美军两栖部队的陆上推进，也不可能阻挡随后向部队提供的给养和防护。

公元前216年的坎尼之战是历史上歼灭战的典范。1950年夏天的朝鲜和坎尼惊人的相似性简直令人称奇。当年，迦太基的将军汉尼拔将大量步兵和骑兵部署在侧翼，而战线中间却用实力较弱的军队朝着对峙的罗马军队推进。在数量上占据绝对优势的罗马军队简直喜不自胜，一举进攻便把中间战线又远远地推了回去，使汉尼拔的军队形成了凹面的半月状。于是，汉尼拔用重兵从侧翼向盲目推进的罗马军队发起猛攻，同时迦太基骑兵击溃了罗马骑兵，从罗马军队后方发动攻击并截断了他们的退路。只有大约3000名罗马士兵逃出包围，而多达7万人则被歼灭。而迦太基和凯尔特盟军只损失了不到6000人。

朝鲜军队攻入韩国纵深处和罗马军队从中部深入迦太基战线一模一样，而麦克阿瑟在仁川发起的背后进攻和汉尼拔的步兵与骑兵

第三章 麦克阿瑟的计划

美军海军舰艇编队

从罗马军队侧翼和后方扎紧口袋如出一辙。在洛东江的朝鲜军队没有直接受到攻击并不能说明它没有惨败，因为美军占领汉城就意味着摧毁了朝鲜军队可能的后勤供应——而这足以使这支军队面临灭顶之灾。

战争几乎刚刚开始，麦克阿瑟就一眼看出朝鲜将领把他们的军队置于了危险境地。在7月初的几天里，他便开始为仁川登陆做准备。参谋长联席会议反对仁川登陆，因为那里潮水极高而且水道狭窄。在参谋长联席会议看来，这两个因素不但使仁川登陆困难重重，而且还可能危机四伏。

陆军参谋柯林斯和海军作战部长谢尔曼竭力主张在群山登陆。

柯林斯（中）和谢尔曼（右）

那是一个港口小城，位于仁川以南100公里、洛东江防线以西70公里的地方。然而，在群山登陆根本不能切断朝鲜人民军的交通线。反过来，朝鲜的指挥部却可以迅速从釜山环形防线中抽调兵力，组成一条新的横亘韩国的防线。往后，美军任何沿这一条防线的进攻都将直接面对着严阵以待的阵地，那仅仅把朝鲜人往后赶到了他们的后备军和给养线上，而不能切断朝鲜军队与其后备军和给养线的联系。

麦克阿瑟想派兵从仁川登陆，以大军绕到朝鲜人民军的后方，这在战略上是具有决定性意义的，它具有出其不意以及一举结束战争的潜在可能性。

军事史中已有多个利用类似麦克阿瑟仁川策略的成功战例。然而，由于传统上大多数指挥官思维僵化、肤浅，这样的战例显得比较罕见。英国著名军事作家利德尔·哈特用两个准则非常简明地表述了这种理论：第一，"纵使历史上有大量的证据，也绝不能认为一个将军让他的部队向严阵以待的敌人发动正面进攻是合乎情理的"；第二，"不是在进攻中打破敌人的平衡，而是在真正的进攻成功地发动或者能够发动之前就打破这种平衡"。

麦克阿瑟的仁川登陆计划是对敌后制敌策略的又一诠释，而这种策略是拿破仑作战的一贯目标和主要方法。与其他战例相比较，麦克阿瑟的计划和1800年拿破仑在马伦戈击败奥地利军，以及1918年英国陆军元帅艾伦比在巴勒斯坦粉碎土耳其军防线如出一辙。每一场胜利都是获胜的将军出其不意地在敌后发动袭击，然后在敌军和它的后勤供应以及援军之间建立战略阻击线，从而使敌人土崩瓦解。

麦克阿瑟想从敌后进攻，这样既可以避开沿洛东江驻扎的朝鲜军队，又可以从侧翼发动进攻。因此，他计划沿着抵抗最小的战线开战。另外，在选择易守难攻、危机四伏的仁川港时，他也选中了敌人最料想不到的地方。

朝鲜为数不多的预备队也没有集中在仁川，因为朝鲜的指挥官

战前的仁川

知道那里潮高水窄，没有想到敌人会在那里登陆。

在战略上，麦克阿瑟的计划可以说是非常精妙：在一个致命的地方发动突袭，不但在心理上使朝鲜人晕头转向，而且由于是向一个基本毫无防御的目标进攻，这样就把朝鲜人抵抗的可能性降到了最低限度。

麦克阿瑟之所以选中仁川作为登陆点，在军事上还有一条最好的理由——该城距汉城仅仅约30公里。

作为韩国首都，汉城具有极为重要的象征意义；而且它还是朝鲜半岛的交通枢纽，能够为朝鲜军队有效提供补给的仅有的铁路和公路都从汉城或附近通过。在汉城切断这些交通线就等于切断了进入韩国的朝鲜军队的命脉。

另外，汉城的战略位置十分重要：从此处向北，麦克阿瑟可以向朝鲜腹地进军；向南，可以攻击朝鲜军队的后方；向东，则可穿越半岛，切断所有二级道路和一切可能的退路。

即使不考虑切断一切补给和援军这样的关键效果，仅上述威胁就足以迫使朝鲜司令部下达紧急撤退的命令，这样至少可望挽救他们的军队。因此，仁川登陆既可在朝鲜军队指挥官的心理上产生效果，又会对朝鲜士兵的士气产生影响。要是命令军队坚守不动，指挥官就会担心其军事力量有被摧毁的可能；要是不赶紧逃跑，士兵们就会害怕丢掉性命。

在仁川成功地实施登陆并迅速占领汉城意味着一枪不发就可以

摧毁洛东江战线上的朝鲜军队。现代军队若没有食品和油料，尤其是没有弹药，就没有几天的生存时间。然而，比物质损失更重要的是一支被断了退路的军队会失去信心。

无路可退的军队不会再无所畏惧地盯着前方的敌人，而是焦虑不安地向后张望。断了退路的士兵其基本动机不再是怎样坚决地打击敌人，而是如何使自己从困境中脱身。由这种心态的士兵组成的军队在短暂的时间里尚能保持完整，但要不了多久便会溃散成一帮拼命寻求安全的难民。攻击敌人的后方和交通线之所以是毁灭性的，原因就在于此。

麦克阿瑟打算用在朝鲜的战略和第二次世界大战时用在太平洋战役中并取胜的战略极为相似。在那次出色的行动中，麦克阿瑟创

登陆朝鲜的美军

造了著名的"越岛进攻"战略。他们绕过日军重兵驻守的岛屿或阵地，打击其余的单个目标，使孤立起来的日本驻军"憔悴而亡"。这些被绕过去的日本兵就好似被送进了战俘营一样束手无策，毫无用处。

麦克阿瑟的仁川计划是太平洋"越岛进攻"战略的翻版。这个计划非常出色，但在当时没有人，甚至是联席会议的参谋长们也没有看出和太平洋形势的相似性。在那里，日本部队战线拉得过长，战略两栖部队从其后方登陆便可将其截断。同样地，一直向南压的朝鲜军队战线拉得也很长，战略两栖部队从其身后登陆也可将其切断。

麦克阿瑟和联席会议的参谋长之间的争论是现代最有趣的例子之一：同样一种形势，在一个军事家眼里是大胜的良机，而在其他军事家看来却是莫大的冒险。由于麦克阿瑟被证明是正确的，这场争辩的结果使麦克阿瑟头上"军事天才"的光环更加灿烂夺目，但却使联席会议参谋长们黯然失色。

于是便有了这样一种观点，麦克阿瑟事事不错，后来当他实施军事上最为冒险的行动时，这种观点也束缚住了联席会议参谋长们的手脚，以致不敢责备这位远东军司令官。许多人难以相信在麦克阿瑟身上依附着一个军事善恶两面人的特征。

在美国人的眼里，英雄总该是英雄。然而，这位构想并坚定地实施了仁川登陆的将军，仅仅在几星期以后便不顾公开的警告，眼睁睁地跨进了中国志愿军的伏击圈。这便显出麦克阿瑟是一位凡人，他和任何普通人一样，既有灵感也会犯错误。不过，作为一位70岁高龄的将军，他那充沛的精力和毅力也令人敬佩。

得到必需的部队绝非易事，因为当时美国军方领导机构毫无准备，许多军方和政界领导人坚信，对美国的威胁不是来自突出于亚洲的一个半岛，而是来自欧洲，那里有数百万全副武装的苏联兵，只待克里姆林宫一声令下，便会倾巢而出。尽管麦克阿瑟认为"华盛顿的那帮人"只盯着欧洲，但他却感到亚洲才是决定西方世界命

执行侦察任务的朝鲜人民军

运的地方。

★麦克阿瑟为什么要选择在仁川登陆

朝鲜人民军接连突破联合国军（主要是美第8集团军）在乌山、大田、锦江等地的阻滞防御线，迫使联合国军退守洛东江一线，形成了以釜山为核心，南北长约160公里，东西宽约90公里的洛东江环形防线，称"釜山防御圈"。双方就在朝鲜半岛最南端的釜山地区呈现胶着状态。但是对于人民军而言，灭顶之灾正在步步逼近。

战局从表面上看，朝鲜人民军方面已经取得了巨大胜利，不仅占领了朝鲜半岛90%的土地，而且正向敌方最后防线发起一轮又一轮的猛烈攻势，似乎胜券在握。但是仔细分析，人民军几乎已经倾注了全力，连战略预备队都用上了，仍难以突破敌方最后的防线。

跳出战火正酣的洛东江防线，综观全局，一旦美军在朝鲜人民军侧后的两栖登陆成功，完全可能发生战局大逆转的情况。如果美军登陆部队在夺取仁川之后又迅速攻占汉城，切断人民军的主要补给线，同时釜山防御圈内的第8集团军发起反击，沿大邱—大田—水原向北推进，与登陆部队南北夹击，那么洛东江前线的朝鲜人民军主力将会遭到灭顶之灾。

2. 占领朝鲜的野心

麦克阿瑟设计的仁川登陆计划（代号"烙铁行动"）在美国高层军事部门所引起的争论，突出显示了参谋长联席会议这样一个特别机构与麦克阿瑟这样一位独一无二的军事思想家和指挥官之间的分歧。

设立参谋长联席会议是为了对军事力量进行统一、全面的指挥和调配，他们要对美国的安全进行通盘考虑，并提出相应的解决方案。

参谋长们是考虑大事的，要他们也去从事创造性思维未免太苛求了。在朝鲜问题上，人们意料之中的最大的创造性思想家不是参谋长联席会议，而是麦克阿瑟。委员会之类的机构很少会有令人叹为观止的创新举动。

参谋长联席会议发觉，他们对麦克阿瑟的提议要么表示赞成，要么表示反对，自己却提不出什么见解。当然，部分原因在于第二次世界大战期间美国战区司令官所担当的角色——高度独立于华盛顿并具有极大的独自制定方针的权威，这种角色也被带到了朝鲜战争中。

至于麦克阿瑟，还有另外一个因素：战争爆发时参谋长联席会

实施两栖登陆的美军

议级别最高的官员是参谋长联席会议主席布莱德雷,那时他是四星上将,而麦克阿瑟却是五星上将。

作为最后一位尚在军中服役的五星上将,麦克阿瑟的军衔实际上比他的上司还高。在军队等级森严的气氛中,很少有人对麦克阿瑟说三道四,甚至连参谋长联席会议也不会那样做。

美国军队投入朝鲜后不久,麦克阿瑟就有在朝鲜军后方实施两栖登陆的计划。7月2日,他请求国防部派出一个海军团战斗队以及协同作战的海军航空兵。尽管华盛顿不清楚麦克阿瑟具体怎样使用这支海军部队，参谋长联席会议还是在第二天就批准了他的请求。

两天之后，即7月5日，麦克阿瑟又要求更多的兵力：整个第2步兵师，第2特种工兵旅，以及第82空降师的一个团。这些要求意味着要投入美国战略后备兵力中相当大的一部分。美国驻扎在日本之外的6个师中，其中一个在德国驻防，这样在美国只有5个普通后备师：第2步兵师和第3步兵师，第11空降师和第82空降师，还有第2装甲师。所有这些部队都被军事专家认为不宜投入朝鲜战场，尤其是第11空降师，毫无准备。

参谋长联席会议经过短时间的权衡后便再次请国防部批准麦克阿瑟所要求的兵力部署。几天后，约翰逊和杜鲁门总统便批准了。同时，参谋长联席会议要各部队待命开拔。他们只做了一项变动：从第11空降师抽调了一个团战斗队，因为他们认为第82空降师弥足珍贵，所以舍不得将其拆开。这是美国仅有的一个满员的精锐之师，可以随时空投到任何发生危机的地方，是美军的秘密撒手锏。

★ 美国第11空降师

第11空降师是美国军队中第一支快速反应部队，是美军最重要的应急部署力量。这支部队有着丰富的海外作战经验，足迹遍布印度、加蓬、乍得、阿尔及利亚、卢旺达及波斯湾的一些国家。该师以轻型装备为主，通常并不担负正面攻击敌军之类的任务，而特

第11空降师的运输机

别适宜作为战略机动性攻击力量，以轻便快速的机动能力，在快速变化的战场形势中寻机从敌军翼侧发起致命进攻。该师特别适合两类任务：在复杂的地形上实行反装甲作战，或是在重点地区进行机动防御作战。

第二次世界大战中后期，美国组建了空降部队，主要分为两支：一支规模较大，在美军训练和装备支援下组建而成；一支规模较小，主要接受英式的空降突击训练。较大的一支部队被命名为第1轻伞兵团，组建于北非，主要效仿法国第82空降师的训练模式。

几个月后，该团转隶于美国第1军，并在盟国向西欧大陆反攻时参加了在阿尔萨斯山脉与德军的血战。规模较小的空降部队被称为自由美国空降部队，随反攻欧陆的盟军在法国、荷兰等地进行过多次空降战术行动。在这一系列作战行动中，美国空降部队担负了空降敌后协助正面主力部队攻击的重任，发挥了实际作用。战后两支空降部队合并整编，成为美国武装力量的重要组成部分。之后，美国为了维持在越南的殖民统治，与当地民族解放武装爆发多次战争。在这些战争中，美国空降部队脱颖而出，其在中南半岛上执行了超过150次空降战斗任务。在各类行动中，伞兵部队通常担负先锋突

驶往朝鲜的美军舰队

去任务，作为"救火队员"随时驰援处于困境中的其他远征军团部队，具有非常重要的战术价值。

令参谋长联席会议吃惊的事接踵而来。麦克阿瑟提高了他的要求，提出再派4个师。他在发往华盛顿的电文中这样写道："局势已经发展成一次重大的军事行动。"他还敦促国防部把驻防在远东的4个师扩充到满员编制（当时是70%），而且要求已处于待命状态的海军团战斗队扩充为一个师并尽快给他派去。

两天之内，麦克阿瑟就把他估计的朝鲜所需的兵力翻了一番，从4个师增加到8个师。对这一要求，美国当局当时难以满足。

参谋长联席会议面临着进退两难的境地：一位深受尊重的战区指挥官要求派兵前往一个本不是美国重大战略利益所在的国家去打仗，他的要求超出了现有的兵力所承受范围，而这一仗在刚开始时仅仅是一次有限的警察行动。

海军作战部长谢尔曼说，该是"澄清国家战略领域里几个基本问题的时候了：美国部队在亚洲的地面战场，要介入到何种程度；在世界其他地区，我们可以冒多大的风险"。

参谋长联席会议迅速采取了行动。首先，他们决定派两名参谋长联席会议成员前往东京，搞清麦克阿瑟需要这些部队的意图，因为他一直对自己的计划闪烁其词。其次，他们开始在世界各地搜寻，看有没有可以迅速投入到朝鲜的部队。最终，他们找到了两支，即驻扎在冲绳岛的第29步兵团和驻扎在夏威夷的第5团战斗队，并且迅速将他们运往朝鲜。接着，他们准备开始大规模地扩充美国部队。

最后，这一决定终于让美国人切身感受到了亚洲战争的现实。当初他们普遍赞同美国介入朝鲜战争，现在他们开始意识到参战的代价了。

参谋长联席会议立刻得到了国防部长约翰逊和杜鲁门总统的支持。杜鲁门对全国发表广播电视讲话，宣布大量扩充美国军队（仅陆军就达20多万人），并向国民警备队、预备役军人及个人发出动员令。后来陆军征召了9.3万人，组编为404个预备役分队，205个国民警备队分队（包括4个师），再加上1.05万名预备役军官。同时，海军和海军陆战队征召了几乎10.4万名预备役军人（包括所有3.28万名海军陆战队预备役军官和士兵）。空军召回了近5万名预备役军人，所有这些加起来，共计25万多人。

虽然国会还没有完全拨付这些军人所需的所有资金，杜鲁门却已经批准了由83.4万人组成的陆军，分编为11个师，12个独立团；由58万人和911艘舰艇组成的海军；由13.8万人组成的海军陆战队，分编为两个师；由56.9万人和62个战斗联队组成的空军；再加上16个战斗航空队和20个独立运输航空队。

指派去会见麦克阿瑟的参谋长联席会议特别代表团抵达东京后，参谋长联席会议才首次获取了关于麦克阿瑟战略思想的实质内容。

美国海军陆战队员

　　第 8 集团军司令官沃克和参谋长阿尔蒙德分立在两旁，麦克阿瑟在两位参谋长和随后赶来参加会议的太平洋舰队司令雷德福的心目中留下了极深的印象："麦克阿瑟依然是那副沉着冷静的样子。像往常那样，他一边信心十足地侃侃而谈，一边来回踱步。他总是给人这样一种印象：似乎不只是对着眼前的听众讲话，而是对着不在眼前的一大批听众讲话。"

　　布莱德雷在自传中这样描写麦克阿瑟："他卓越的才华令人生畏。但作为统帅他又有几点不足：过分自命不凡，刚愎自用，对

美军的高级军官

上司的判断不屑一顾。"布莱德雷还写道:"他像乔治·巴顿和伯纳德·蒙哥马利一样,是个自大狂。"

麦克阿瑟说,美国应该给朝鲜半岛而不是给别处以足够的重视。他坚持认为,冷战的结局是在远东。当问及他需要多少军队才能恢复和稳定三八线这条分界线时,麦克阿瑟说,他的用意不仅仅是击退朝鲜军队,而是摧毁他们。

至此,麦克阿瑟在朝鲜的意图的轮廓才首次浮现出来:不是恢复联合国决议实际上所要求的战前状态,而是要摧毁朝鲜的军队。

要完成这样的任务,不入侵朝鲜是不可能的,因为那里是他们的指挥、给养和训练中心所在地。麦克阿瑟告诉参谋长们,敌对状态结束之后的任务将是"促成和解,统一朝鲜",这就可能需要占领整个朝鲜,尽管在当时这只是一种推测。

麦克阿瑟的目的已经孕育着比仅仅击退入侵之敌更宏大的目标。一旦获准,入侵朝鲜将一发而不可收,直到将朝鲜的军队和朝鲜政权摧毁。在当时紧迫的情况下,麦克阿瑟将这一激进的目的没有明确表述出来。然而,这是不言而喻的:麦克阿瑟想要联合国军去做的正是朝鲜为此而受惩罚的事——入侵邻国。

如果美国领导层在起初就敢于正视麦克阿瑟所陈述的意图的真实寓意,他们或许能够制定出完善的政策。尽管会有道义上的问题,但是人们还是十分赞同,至少沿着原已宣布的并清楚划定的界限入侵,给朝鲜领导人以惩戒,或者将其推翻并粉碎其军事潜力,而不把朝鲜并入李承晚的独裁统治之下。

这些问题并没有充分加以讨论。于是,当需要有关朝鲜的某种政策时,美国还没有把政策制定出来。联合国授权下的全国大选计划只不过是一个迟到的掩人耳目的举动,是对业已存在的麦克阿瑟实施全部占领这一事实的掩盖。

在会谈中,麦克阿瑟简要地述说了他的反攻战略:一旦阻止住朝鲜的进攻势头,他将对朝鲜的西海岸后方发动攻击。他认为,仁川是最好的攻击地点。

海军部长谢尔曼对仁川这个登陆点表示怀疑,因为那里水道狭窄,潮水极高。

麦克阿瑟意识到,仅凭他一人之力说服不了参谋长联席会议。仁川登陆计划中关于海军和海军陆战队的问题还没有解决。不过,关于他所期望得到的部队数量,在会谈以后,让他放下心来,当然也有些许的失望。

陆军参谋长柯林斯私下告诉他,他认为整个第1海军陆战师可以归他指挥。要不然,麦克阿瑟就得用远东现有的几个师和已经启程的第2步兵师,第5团战斗队,第29团和第187空降团战斗队来应付了。

后来,柯林斯关于整个第1海军陆战师的私下保证被有关仁川的争论绊住了腿。陆军参谋长刚一回到华盛顿,便向其他参谋长谈了他对仁川的疑虑。布莱德雷在他的自传中写道,听了柯林斯的报告之后,"我得说这是我曾听说过的最冒险的军事计划"。布莱德雷称之为"空中楼阁方案",并且说,"仁川很可能是进行两栖登陆最糟糕的地方"。

参谋长联席会议没有明确决定把海军陆战师交给麦克阿瑟,麦克阿瑟

柯林斯(左)、麦克阿瑟与谢尔曼(右)

再次要求派出满员的海军陆战师,再加上一个空军支援分队——然后,他又说,他要求部队在 9 月 10 日到达。这是麦克阿瑟首次清晰地表明他要实施登陆的时间。而在参谋长联席会议看来,这简直早得令人吃惊。

谢尔曼要参谋长联席会议告诉麦克阿瑟,在 11 月以前不可能调动第 1 海军陆战师,否则,大西洋舰队的海军陆战队就会被抽空到"令人难以接受的程度"。

3. 固执的老兵

麦克阿瑟意识到,整个仁川登陆的成败就看能否调动海军陆战师了。这个师是美国现有的唯一一支用于两栖登陆作战行动的军队。陆军部队实施海上突击登陆,必须受过特殊训练并有特殊装备,而时间又如此短促。或许这从某种程度上解释了为什么麦克阿瑟对由谢尔曼始作俑的信息的反应那么强烈。

关于海军陆战师,麦克阿瑟说:"就其潜在的用途而言,再也没有任何地方的需要能和眼下战斗任务的迫切性相比了。"

为了增大压力,麦克阿瑟向国防部发出下面的电报。其中精确概述了在仁川攻击敌人的理由:"我坚信,在敌人后方尽早实施有力的行动将会切断敌人的主要交通线,从而使我们得以对敌人发起决

美军刚从牵引车上卸下的重型榴弹炮

定性的、毁灭性的打击。在这样的行动中，任何物质上的延误都将使我们失去这一机会。另一选择是，在正面发起进攻，其必然结果是缓慢地把敌人驱逐到三八线以北，进程缓慢，代价惨重。"

这则电文传到华盛顿前，许多美国军事将领都还在疑惑陆军能否在朝鲜挺得住。而这时却传来了麦克阿瑟在9月就可以摧毁敌人的完全乐观且要求迫切的计划。这便需要在参谋长联席会议和麦克阿瑟之间进行一次电话会议。

参谋长联席会议的参加者们态度冷静，并且到了近乎刻薄的程度：考虑到日益加剧的来自朝鲜的压力和日渐升级的战斗，麦克阿瑟真的以为预计在9月实施两栖登陆是明智的？麦克阿瑟答道：是的。但是，他须得到满员的海军陆战师。然而，麦克阿瑟还是没有把仁川计划的细节透露出来，这表明他一贯对华盛顿的保密水平怀有疑虑。

在这次越洋电话会议中，参谋长联席会议决定向已前往远东途中的第1暂编海军陆战旅（第5陆战团）增派第1海军陆战团战斗队、第7海军陆战团战斗队和第187空降团。

第1海军陆战团战斗队将从大西洋舰队陆战队和在美国的海军警备部队中抽调，而第7海军陆战团战斗队将由大西洋舰队陆战队的军官、海军陆战队预备役军人，以及从驻防在地中海克里特岛苏答湾的军队中抽调的一整营士兵，东拼西凑组成，这些士兵经由苏伊士运河直接派往远东。即使如此，第7海军陆战团战斗队也未能

美军雇民工修筑简易道路

及时到达仁川。不过，在随后不久进行的进攻汉城的战斗中，他们也助了一臂之力。

第187空降团战斗队因准备不足未能调运，这迫使麦克阿瑟最终放弃了在登陆成功不久后对"关键交通中心"实施空降袭击的计划，虽然在仁川登陆不久后这个空降团战斗队实际上已经到达。

第三章 麦克阿瑟的计划

关于仁川的争论达到了高潮。麦克阿瑟和反对派（主要是海军和海军陆战队）的分歧跟两栖登陆本身无关；问题是海军和海军陆战队不想在仁川登陆。

在仁川，海潮由东面的朝鲜半岛和西面中国的山东半岛经狭窄的黄海汇集而来。冲进这些狭窄水域的海水形成极高的海潮，就像加拿大的芬迪湾，被北面的新布伦瑞克和南面的新斯科舍所环绕。

另外，仁川附近的岛屿阻止了水流，导致潮水减缓，从而在仁川海岸和通往港口的飞鱼水道两边产生大片的泥滩。这些浅滩泥沼既软且深，不足以承受在上面步行的士兵的重量。

海军和海军陆战专家认为，在这种泥滩上，小型登陆舰需要最低7米高的潮水，而坦克登陆舰则需要9米高的潮水才能进来。这就极大地束缚了登陆部队的手脚：海军只有从潮水达到7米起、到回落到7米止这段大约3个钟头的时间内，把士兵和装备送上岸去。上了岸的军队将处于孤立无援的境地，直到大约12小时后下一次高潮来临。

麦克阿瑟关于入侵时间的强硬立场是由潮水高度表的数值决定的，而不是由解除釜山环形防御圈的压力决定的。

在仁川，5月到8月的海水通常处于低潮；9月是过渡期；从10月直到次年3月底一直是高潮。这样9月便是潮水条件适合进行两栖登陆的最早时期。下一次机会直到10月中旬才会到来。而到了那时，恶劣的天气将会降临朝鲜，极大地限制滩头突破的潜力发挥。即使在9月，合适的潮水条件也只有4天，即9月15日到18日。在这几天里，平均潮涌较高，足以覆盖泥滩，登陆舰只可以直达海岸。入侵只能在9月中旬，否则就要无限期地推迟。

麦克阿瑟选中了9月15日。那一天，早潮预计在上午6点50分来临，晚潮则在19点20分。

问题还不仅于此：把仁川和沿岸岛屿分割开的飞鱼水道即使是在白天也显得既窄又险。它蜿蜒曲折，从泥滩中穿过，而且只能从南面接近，因为北面是岛屿和泥滩之间的极其险恶的迷宫式弯道。如果朝鲜军在这条水道中布上水雷，那就只有等清除了水雷才有可能靠近。

另外，仁川面向大海的一面紧挨着泥滩，由防浪的海堤保护着；海堤高度从3.5到4.5米不等，必须由进攻的陆战队将其炸开或者

美军两栖登陆练习

攀缘而上。

紧靠海堤后面便是构筑坚固的城市，它足以给任何防御的部队提供极好的保护。最后，还有一座峰高107米的岛屿——月尾岛。海军陆战队掂量了仁川所有不利的因素——高涨的潮水，宽阔的泥滩，狭窄的水道和有人防护的岛屿——难怪他们踌躇不前。当然他们说，肯定会有更好的登陆地点。

正在这个节骨眼儿上，麦克阿瑟和华盛顿之间产生了新的危机。这次是由"台湾问题"引起的。他使杜鲁门极为恼火，甚至认真地考虑要将麦克阿瑟就地免职。

他们在两个层面上存在着分歧，一个是在政治层面，另一个是在军事层面。前者主要关于"台湾问题"，它使杜鲁门和国务卿艾奇逊跟麦克阿瑟形成对立；后者关于仁川问题，参谋长联席会议及其在海军和海军陆战队中的同盟跟麦克阿瑟作对。这一双重分歧使华盛顿领导层深感不安。

这次危机证明，麦克阿瑟当时和整个对手旗鼓相当，在逐渐公开化的"台湾问题"上，他也成为共和党和"中华民国"说客的宠儿。麦克阿瑟所寻求的目的与政府目标全然不同，这为以后出现更大的危机埋下了种子。

杜鲁门政府改变了不插手台湾的政策之后，台湾危机便从其对待蒋介石的逻辑谬误中显现了出来。虽然美国已正式让该岛"中立化"，但是单方面创造一个"远东的瑞士"，一个中立化的台湾和

杜鲁门

一个由强权保护下的台湾之间的差别，用肉眼是难以看得出的，尤其是在北京看来。

另外，一旦台湾变成"过去的19世纪式的帝国主义"保护对象，就难以限制对保护对象统治者蒋介石提供直接军事援助。但是，尽管参谋长联席会议和国防部长约翰逊一再催促，杜鲁门总统还是没有批准这样的援助。

显然，对台湾进行军事援助的事需要加以核查。杜鲁门批准从麦克阿瑟司令部派出一个考察团前往执行此项使命。朝鲜局势的压力使得任何事情都无法立刻着手去做，但是，当柯林斯访问东京时，麦克阿瑟告诉他们，一俟朝鲜局势许可，他便计划亲赴台湾一趟。

就在此时，美国情报部门发现，在台湾对面的大陆，解放军部队有大量集结的迹象，多达20万人的军队和4000艘舰船。

参谋长联席会议指示麦克阿瑟把第7舰队派往台湾水域示威，虽然这意味着从支援朝鲜的兵力中撤出军舰。在发给国务院的信件中，参谋长联席会议建议立刻把蒋介石所急需的军事物资运送过去，并迅速把美国考察团派往台湾，以确定防御方面其他的需要。

参谋长联席会议接着又致信给国防部长约翰逊，称如果中国执意"进攻台湾"，单靠第7舰队是难以完全抵挡住的，中国的一些

第三章 麦克阿瑟的计划

士兵或许会突破进入该岛，危及蒋介石政府并在国民党军中引发叛逃。他们建议授权蒋介石的军队对大陆的两栖部队集中地域实施空袭，并在台湾对面的大陆水域布雷。

国防部长约翰逊同意了参谋长联席会议的建议，但国务卿艾奇逊却坚决反对。艾奇逊说：如果提醒国际航运业，布雷是可以接受的，但是，轰炸大陆，即使完全由中国国民党的飞机去实施也是不行的，因为美国要对此负责，这样会激怒友邦，甚至可能会挑起与中国的战端。

参谋长联席会议提出的向台湾提供援助及派出考察团的建议获得国家安全委员会的批准，但艾奇逊坚持不让麦克阿瑟本人前往台湾。

然而，当参谋长联席会议与麦克阿瑟谈及此事时，麦克阿瑟却说他计划对台湾进行一次个人的"短暂形势侦察"。尽管联席会议的参谋长们试图让他另派别人，但却没有明确禁止麦克阿瑟前往。麦克阿瑟告诉参谋长联席会议，考虑到来自台湾岛的"许多自相矛盾的报告"，他认为亲自前往是明智之举，这样别人也就不好再去阻拦他了。这是麦克阿瑟和杜鲁门之间关系破裂的开端。

麦克阿瑟在驻防台湾的第7舰队司令斯特鲁布尔的陪同下，到达了台北。在两天的逗留期间，麦克阿瑟"像个造访的国家元首，并受到了与其相应的接待"。中国国民党官员发表的声明丝毫也不掩饰麦克阿瑟的暗示给人留下的这样一种印象，即美国正日益寻求与国民党之间的共同利益。然而，麦克阿瑟回到东京后，却矢口否认他的访问具有任何政治意义。

麦克阿瑟的来访给了蒋介石一个让美国难堪的机会。他暗示他和麦克阿瑟之间存在一个秘密协议，并宣称"已经奠定了中美军事合作的基础"。这使得杜鲁门和已经承认了新中国政权的英国大为恼火。但是，最大的危害来自于对新中国所产生的后果，新中国很自然地把远东司令亲自访问台北看作一个证据，证明蒋介石与美国之间结成了新的、可能是进攻性的联盟。

士气高昂的人民解放军

国防部长约翰逊还怀着这样天真的希望：麦克阿瑟以下犯上、不甘人下这件事很快会被淡忘。他请参谋长联席会议起草一则电文，授予麦克阿瑟永久权力，任何时候情报部门发现中共攻台在即，他便可批准国民党进攻大陆。

约翰逊的提议惹得杜鲁门怒火中烧，由此更进一步削弱了约翰逊在总统心目中日益下降的地位。麦克阿瑟则惹得杜鲁门横下心来，禁止任何人越权代行总统权力。8月，根据杜鲁门的命令，以约翰逊的名义发出一份电文，告知麦克阿瑟，杜鲁门发布的台湾中立命令仍然有效，台湾的地位没有改变。电文中还说："除了作为军队统帅的总统之外，任何人均无权命令或授权实施针对中国大陆集结的防御行动。你须及时急报有关此类集结的情报，并竭力提供最新侦察报告。根据所报事实如需采取适当行动，参谋长联席会议愿听高见。最高国家利益要求我们，不得采取任何引起全面战争的行动，也不得给他人以口实挑起全面战争。本电文已经总统和国务卿批准。"

★美国海军第7舰队

作为美国在亚洲区内最庞大的军事力量，第7舰队成立于1943年3月15日，其前身是一支地地道道的杂牌部队——麦克

美国第7舰队司令斯特鲁布尔

阿瑟领导下的西南太平洋海军部队，是当时美国海军最大的前沿部署部队。现在，第7舰队总兵力约6万人，其中海军38000人，海军陆战队员22000人。主要装备有近60艘舰船及350架战机。其中常驻舰只19艘，1个舰载机联队，1个陆战远征分队，飞机105架，其中作战飞机84架，舰上人员12200人。它有三大"撒手锏"，即"蓝岭"号指挥舰、"乔治·华盛顿"号航空母舰和一艘"提康德罗加"级导弹巡洋舰。

4. 争执不下的方案

麦克阿瑟很快便低头谢罪。第二天，他回电说："本司令部一贯据此照办……本人尽知身为战区司令官之权限，谨请毋虑会有任何僭越之举动。唯愿总统与您不致为源自任何官方或非官方之谎报及臆断所迷惑。"

麦克阿瑟小心翼翼，又回头扮演起唯命是从的下属角色，此举平息了杜鲁门的怒气。为了彻底了结此事，杜鲁门派哈里曼为特别代表，前往东京详述政府关于台湾的立场，并力求与麦克阿瑟在意见上完全达成一致。在杜鲁门一方，这是宽宏大度的姿态。

借哈里曼此行之机，参谋长联席会议派了两名代表，陆军副参谋长李奇微和空军代理副参谋长拉诺斯塔德一同前往，以便了解仁川登陆计划的详情和部队需要的具体情况。

访问是在8月6日至8日进行的。在听了麦克阿瑟两个半小时关于仁川总体计划的讲解之后,他们被麦克阿瑟的观点征服了。哈里曼和诺斯塔德甚至同意麦克阿瑟关于立即派出第3步兵师的意见。

尽管李奇微承认在离开五角大楼时他也强烈反对把该师派给麦克阿瑟,因为该师"兵力极为匮乏,完全没有做好战斗准备,并且抽调该师将会使国家的总后备军减少兵力,只剩下第82空降师这一支队伍"。

哈里曼也同意麦克阿瑟增兵的要求。他告诉李奇微:"应该摈

一辆美军运输车在前线

艾夫里尔·哈里曼

弃政治因素和个人意见，政府应该把麦克阿瑟像国之瑰宝一样加以对待。"

但在返回华盛顿后，哈里曼对麦克阿瑟关于台湾的观点却流露出了许多疑虑。他对总统说："由于难以言表的原因，我认为在处理台湾和蒋介石关系的问题上，并未达到我们所相信的意见完全一致的程度。他接受了总统的意见，并将据此行动，但并不是全心全意。"

哈里曼不是军人，但对总统却有极大的影响力。他大力支持这一计划，并使杜鲁门相信，仁川登陆可能会一举解决朝鲜战争问题。这一天的大部分时间里，参谋长们都与哈里曼、李奇微、诺斯塔德和国务卿艾奇逊一起讨论这一计划。但是正如布莱德雷在他的自传中所说的："我们同意在朝鲜军队后方发起两栖攻击这一设想，不过，对选定仁川作为登陆点仍然疑虑重重。"

然而，杜鲁门认为意见已经达成一致，并在记者招待会上说道："我和麦克阿瑟将军意见完全一致，自从他担任现职以来也一直意见一致。"杜鲁门或许不该如此乐观，此后不到两个星期，两人就远远不是"完全一致"了。

麦克阿瑟与哈里曼会谈中提及的另一个话题当时并没有引起人们的注意。可是，艾奇逊和杜鲁门本该看得出那是一个危险的信号：

美军坦克越过三八线

麦克阿瑟打算在仁川登陆之后，将长驱直入朝鲜，尽管美国官方的政策仅仅是将朝鲜人驱回到三八线以北，而不是超过三八线。否则就意味着占领整个朝鲜。

哈里曼的报告引述了麦克阿瑟计划在战争之后举行全朝鲜大选的观点，并引用麦克阿瑟的话说："倘使朝鲜人保证不受苏联人或共产党的干涉，他们也将投票支持非共党政府。"

杜鲁门政府本该基于美国国家利益立即着手处理并解决这一问题。麦克阿瑟的计划和朝鲜入侵韩国一样，都是侵略性的，并且潜藏着引发苏联和中国干预的危险。

美国有可能在亚洲卷入一场大规模的地面战争。美国政府，尤其是国务院，有责任对此可能的含义进行研究。结果，美国政府直到9月27日才做出最后决定。这个决定不是基于对美国国家长期利益的严密推理和仔细判断，而是基于心存侥幸、一厢情愿的政治宣传。

麦克阿瑟向杜鲁门政府和美国政策以及美国在远东的利益提出了挑战。在处理这种挑战中，艾奇逊没有发挥更大的作用。

不知道艾奇逊是否曾经实事求是地估量过，采取麦克阿瑟式的侵略，而不再局限于旨在恢复战前局势的"警察行动"时，美国将要面临的危险。艾奇逊的传记作者麦克里兰认为：国务卿是"政府中唯一一位不遗余力地向麦克阿瑟提出挑战的人"。由于朝鲜战争是一场实质上出于政治目的而进行的有限战争，艾奇逊拒绝干预。

麦克里兰说，这"大大地贬低了政治家责任"。其结果是使麦克阿瑟处于无与伦比的境地，没有哪个美国领导人能够与他比肩并同他抗衡。派往东京去说服麦克阿瑟的美国领导人反而一个个被他说服，有时甚至违背了他们本来的意愿。就这样，麦克阿瑟对政治决策的影响，远远超过了一个战区司令官所具有的身份。

8月9日，李奇微回到华盛顿后，用"不同凡响"一词来称赞麦克阿瑟对仁川计划的阐述。

第二天，参谋长们亲自去见杜鲁门并获得了他的批准，把满员的海军陆战师调给麦克阿瑟。他们还获准派出第3步兵师。这样，美国本土就只剩下一支光杆主力部队，即第82空降师，担负着去应付世界其他地方突发事件的重任。

在与杜鲁门会谈中，谢尔曼评论说："他确信麦克阿瑟将会妥善使用军队，但是，参谋长联席会议必须审查他的两栖登陆计划。"而参谋长们只要有半点疑虑，就不会不负责任。

现在麦克阿瑟得到了调给他的军队，但实际上，送往远东的一切东西几乎一到朝鲜的海岸线就立即投入了战斗。眼前，除了第1暂编海军陆战旅（第5陆战团）要作为入侵的进攻部队之外，其他部队再也抽调不出来了。

这样，麦克阿瑟被迫指派他留在日本的唯一一支部队，即第7步兵师，作为仁川行动的后备队。这个师被拆解得只剩下大约9000人，只有半个师的兵力。于是，他只好在8月份的几个星期里把

集结中的美军第 82 空降师

大部分的兵源都输送进去，并实施了一项美军军史上最奇特的实验——把韩国的士兵补充进去以充实该师。

尽管这个方法被推广到其他美国陆军师，但是并不成功。语言交流上的困难极大，虽然也实行了"帮对体制"，即一个韩国人和一个美国人结成一对，由美国人来教韩国人，但仍使训练和战斗行动大打折扣。美国人和韩国人不同的习惯和特点造成了很大的误会。训练活动逐渐结束了，结果还算让人满意。

第 7 师补充了 8600 名韩国人，他们中的许多人都是从大街上被稀里糊涂拉进来的平民。由于补充了韩国人和新兵，当这个师投入作战行动时，兵力已经接近 2.5 万人。

8 月 21 日，经参谋长联席会议批准，麦克阿瑟在远东军司令部内建立了一个新的军级司令部（第 10 军），以指挥入侵行动中的两

朝鲜平民

个突击师。他指派远东军司令部参谋长内德·阿尔蒙德担任军长，这让阿尔蒙德感到十分惊讶。但是，麦克阿瑟以"缺席"保留了阿尔蒙德的参谋长一职。他向迷惑不解的阿尔蒙德保证，战争几个星期即可结束，他很快即可回东京担任原职。

尽管登陆的时间很快就要到来，但麦克阿瑟仍未向参谋长联席会议进一步提供其计划的详细信息。参谋长联席会议成员决定自己去弄个明白。8月19日，他们把柯林斯和谢尔曼以及其他几名军官一道派往远东。

他们一行人抵达东京后，受到了麦克阿瑟真诚的欢迎。第二天，柯林斯和谢尔曼飞往朝鲜与沃克会谈，然后又飞回东京，参加麦克阿瑟准备在23日举行的关于仁川计划的全面情况通报会。

这期间，第1陆战师师长史密斯也来到东京，向负责仁川登陆的两栖作战第1集团司令道尔报到。史密斯比他的部队先到一步，他是前来制订具体入侵计划的，他发现道尔此时对仁川这个登陆地点仍然持极为怀疑的态度。

道尔曾派出侦察小分队沿朝鲜西海岸寻找更好的登陆地点，并且找到了一个令他满意的地方，该地在仁川以南大约80公里的乌山西南的釜城。这地方只有几个小镇和一些村子。海军潜水队在釜城面进行了实验性登陆，发现那里海滨条件更好，并且在任何一天、任何时刻都可登陆，时间上没有限制。另外，乡村地区建筑物不多，而且汉城以南的朝鲜人的交通线也在打击距离以内。

充满自信的麦克阿瑟

同一天，史密斯拜会了阿尔蒙德，对选择仁川表示反对。阿尔蒙德没有理会史密斯的不同意见。他认为，在仁川没有有组织的朝鲜军队，陆战队面临的唯一困难是机械和地形方面。于是，史密斯也被领进了麦克阿瑟的办公室。他受到了热情的接待。经过进一步的信息交流，他心里也有了一些把握：仁川之战将是决定性的，战争将在一个月内结束，朝鲜人把所有的兵力都投入到进攻釜山环形防御圈去了。就这样，史密斯改变了主意，但并不是心服口服。

整个仁川行动都取决于柯林斯和谢尔曼带回华盛顿的报告，麦克阿瑟对此并不抱任何幻想。很明显，参谋长联席会议作为一个整体一点也不积极。

因此，8月23日在"第一大厦"麦克阿瑟的简况通报室举行的情况介绍会至关重要。所有头面人物都到场了：麦克阿瑟、柯林斯、谢尔曼、阿尔蒙德、远东海军司令特纳·乔伊、第7舰队司令兼两栖部队首领斯特鲁布尔、远东司令部作战训练处的埃德温·莱特、道尔以及其他军官。

莱特概述了基本作战计划：由第1陆战师直接对仁川港发起登陆攻击，并一举占领位于仁川正东、汉江和永登浦南面的金浦机场；然后越过江去，占领汉城及其北面的高地。第7师随陆战队之后登陆，前去保护陆战队的右翼安全，然后与由南面而来的第8集团军会合。

莱特介绍作战计划后，道尔的几位参谋提出了海军将要面临的

在大田的美国军队

问题。他们强调了极端的困难和极大的风险，其悲观的语气非常明显。于是，道尔的结论是：仁川行动并非不可能，但他并不推崇。

柯林斯在道尔的陈述之后做出了如下评论报告："我对第8集团军迅速与第10军在仁川会合的能力提出质疑，尤其是第1海军陆战旅撤出后沃克将军的兵力将被削弱。他们如果不能会合一处，第

10军将面临灾难。我建议,应考虑在群山登陆,而不是在仁川登陆。群山没有仁川自然条件上的缺陷,穿过群山和大田便接近敌人的主要补给线,并且可以确保在大田附近与第8集团军迅速会合。谢尔曼将军也赞成我的建议。"

★传奇将军——李奇微

李奇微生于弗吉尼亚州门罗堡。1917年毕业于西点军校,被授予陆军少尉军衔。1930年,李奇微出任菲律宾总督顾问。此后,他先后担任第2军副参谋长和第4军助理参谋长。马歇尔对李奇微颇为欣赏。第二次世界大战爆发后不久,他便把李奇微调到了战争计划处。1942年8月,李奇微晋升为准将,并受命指挥第82空降师。第82师被选中成为全军最早的两个空降师之一,很大程度上得益于李奇微作为一名教官所具有的技巧和他比同僚们更为灵活的思想——空降师在当时不过是陆军的一项实验。

李奇微协助策划了1943年在西西里岛的空降作战。一年后,他又协助策划了"霸王行动"中的空降作战。诺曼底登陆时,他随部队一起伞降在

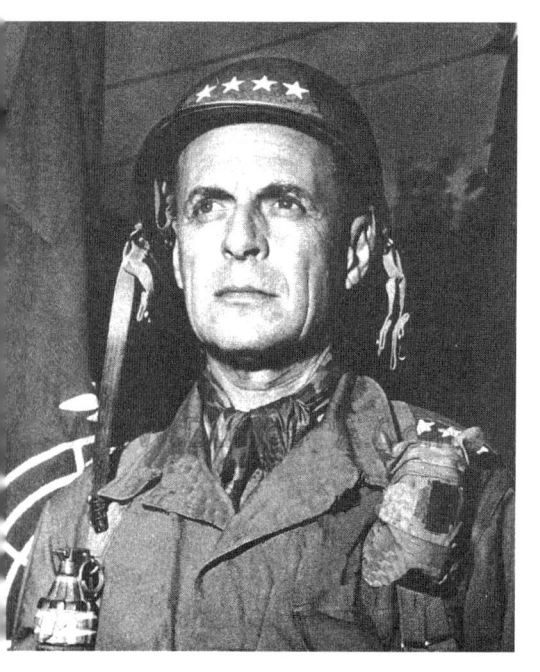

李奇微

法国，连续战斗了33天。1944年9月，李奇微被任命为第18空降军军长，率部进入德国。一年后，他晋升为中将。战争结束时，他正乘坐飞机前去接受新的使命，而他的新上级——陆军五星上将道格拉斯·麦克阿瑟，在他还是西点美国军事学院的一名上尉时，就已经是他的领导。

1945年，李奇微在吕宋待了一段时间，之后受命指挥地中海战区的美国部队，同时还获得了一个新头衔——"地中海盟军最高副指挥官"。后来，他担任了加勒比地区美军司令，又出任副总参谋长，在总参谋长、陆军上将乔·柯林斯手下工作。

5. 美国人的担心

再也没有比柯林斯的观点更能清楚地反映麦克阿瑟和柯林斯在战争观念上的根本分歧了。首先，柯林斯认为第10军处于潜在的危险之中。他在《和平时期的战争》一书中谈道："第8集团军是否能够突破朝鲜的洛东江防线，并在敌人集中绝对优势兵力打击两栖部队之前迅速向仁川推进，在这一方面存在着严重的战略问题。在军事史上，有许多由于兵力分散，增援不及时而导致灾难性失败的战例。"其次，柯林斯建议在较为靠近南江、洛东江一线正西的群山登陆，那不是在敌人后方进行的战略行动，而是直接向敌人发动的主力进攻。

麦克阿瑟用有力的论据反驳了这两个观点。柯林斯在他的书中勇敢地承认，麦克阿瑟的推理很有说服力。

为了说服同僚们，麦克阿瑟放下他的玉米穗芯烟斗，滔滔不绝地讲了45分钟。他阐明了一系列要点：

一、敌人忽视了他们的后方，而且完全依赖于一条纤弱的后勤补给线；

二、迅速占领汉城，夺取那条穿过汉城或汉城附近的交通线，即可切断敌人的补给线；

三、朝鲜军队几乎把所有的兵力都放在了攻击南部的第8集团军上，根本没有受过训练的后备部队用来抵御登陆，也难以从他们面对的第8集团军的打击中缓过气来；

四、汉城是朝鲜的政治及心理中枢，迅速拿下汉城将会顿然改变亚洲的看法；

五、在仁川以南160公里处的群山登陆，那未免过于浅薄，难以切断朝鲜的补给线，也不能将其军队摧毁；

六、两栖登陆是联合国军司令部具有的最强大的军事手段，运用得当就意味着在敌占区纵深处狠狠打击敌人，而在群山则不易达成如此效果，朝鲜军队很快就会形成新的战线跟第8集团军和第10军对峙，那就需要向敌人直接进攻，必将会是一场严酷的冬季战役。

第三章 麦克阿瑟的计划

美军在仁川登陆前做了大量考察工作，图为一艘测量船在仁川海域搜集海情

然后，他表示如果在仁川登陆遭到顽强抵抗，他将在现场立即指挥撤退，不会造成重大的人员损失，损失的只是他的个人声誉。

柯林斯对麦克阿瑟的陈述产生了好感，但还是有一些保留意见。在他看来，尚未澄清的最大问题是仁川地区朝鲜的兵力及其迅速集中的能力。

海军方面依然表示担心，在仁川进行大规模的登陆作战不切实际。那里有世界上最大落差的潮汐。落差达几十米，从而使几百上千万年淤积的烂泥形成了几十公里的滩涂地，"烂泥恰如巧克力软糖，但味道却大相径庭"，步兵在这样的滩涂地上登陆，无异于成为敌军的活靶子。仁川港可供船只进入的水道只有一条，而且非常狭窄，潮水在狭窄的水道中水流汹涌。在这样的水道中，任何一艘船哪怕只出一点儿事故，就会将整个水道完全堵塞，导致其余的舰只就连掉头的余地都没有了。而一旦耽误到落潮的时候，水道上的船只就会搁浅，要想重新浮起来就得等下次涨潮，在这样的情景下，敌军的海岸炮火怎么会闲着呢？

海军的结论是："如果在这样的地方登陆成功，海军就不得不改写教科书。"

陆军方面的忧虑是：一旦仁川登陆的美军上岸，要想达到登陆作战的目的，就必须指望沃克部署在釜山防御圈里的第8集团军向北实施反击，与登陆的美军形成南北的夹击态势。而目前沃克没有把握能够率第8集团军冲出釜山防御圈，他此刻正处在朝鲜人民军的包围中，"在堵住他的防线漏洞上已经焦头烂额，无从考虑今后突围的事"。而如果沃克不能在登陆时向北进攻，对于仁川登陆的美军来讲，"将是灾难性的"。

其实，美军的登陆部队人数接近7万（第1陆战师及附属部队2.5万人；第7师及附属韩军2.5万人；还有工兵和坦克部队）。在海上，这是一支真正势不可挡的军队：230艘舰艇，其中包括巡洋舰、驱逐舰和扫雷舰及两艘陆战队护卫航空母舰，舰上配备海盗支援飞机，还有3艘美国攻击航空母舰和一艘英国轻型航空母舰；这些航空母舰所具有的支援战机将使仁川的空域趋于饱和。战机以及来自巡洋舰和驱逐舰的支援火力完全可以隔断朝鲜的增援。

第三章 麦克阿瑟的计划

正在吊装的美军水上飞机

朝鲜进行实质性反抗的可能性根本就不存在。据情报部门估计，朝鲜大部分的主力部队都集中在南部，正与第8集团军对抗。情报处计算出朝鲜在汉城的兵力为5000人，金浦机场500人，仁川地区大约为1800到2500人。情报处认为：朝鲜军队司令部迅速增援仁川地区的能力微不足道；只有小股的后方游击队、交通线支队和新近成立、缺乏训练的小股部队散布在釜山环形防御圈的后部；

在滩涂附近生活的韩国百姓

朝鲜几乎没有海军力量，而空军只有19架战机。

美军情报处对朝鲜在釜山环形防御圈之战中的兵力一直估计过高，即使这样，朝鲜也没有足够的兵力抵抗仁川登陆的部队，同时又要防御第8集团军。到1950年9月中旬，联合国军的兵力已经超过了朝鲜军队的数量。第8集团军情报处在9月中旬认为，面对着整个釜山环形防御圈的朝鲜兵力为10.1万人。

朝鲜军队已经消耗得只剩大约7万人，其中很可能还有四分之一或者更多一些是强征入伍的韩国人，根本没有受过或很少受到过训练，常常连武器也没有就匆忙上了前线。且其士气低落，食品短缺，各师中的原班士兵不足30%。在这时候，老兵常常击毙那些听到命令不愿向前或试图逃跑的士兵。

另一方面，第8集团军的4个师中，每个师的兵力都已得到补充，平均达到1.5万人（另有附属的"帮对体制"中的9000名韩国兵）。此外，韩国的5个师人数约达5万人，英国第27旅大约有1600人。这样下来，第8集团军的战斗兵力大约为12万人，火力是朝鲜人的1到6倍。到9月中旬，美国投入到釜山环形防御圈内的中型坦克已超过500辆，是朝鲜全部坦克的5倍多。即使按照情报处过高估计的数字，联合国军队在兵力上也占有很大优势。

根据情报处的估计，朝鲜没有更多其他受过训练的部队。柯林斯估计会有足够的朝鲜军队影响到仁川、汉城之役，不知道他是怎样做出这一估计的。第8集团军情报处估计，朝鲜军队指挥部只能够从环形防御圈抽出3个朝鲜师（大约2.4万人）去攻击仁川登陆部队。

这个数字本身就高得难以置信，因为这样就抽空了洛东江一线许多区域的兵力。更重要的是，联合国军绝对的制空权排除了这些部队白天运动的可能性。这样就极大地延长了他们到达仁川、汉城地区的时间。

事实上，无论朝鲜军队是向仁川运动，还是留下来和第8集团军作战，都无多大差别；关键是不让朝鲜部队得到军火、油料和食品，这样也就使他们丧失了战斗力。切断交通线就可保证出现这样的情况。

当时也有人担心，朝鲜军队会利用汉城以东的公路支线和铁路线，并通过东部山区为固守环形防御圈的朝鲜军队提供给养。然而，这样的道路根本不能为他们提供足够的给养，以确保其战斗力。即使使用汉城走廊主要的双线铁路和公路也几乎难以为洛东江战线的朝鲜军提供足够的给养。截断这个走廊将会产生毁灭性后果。

麦克阿瑟坚定地认为，敌人对仁川还没有防御准备。他列举了1759年英国人在加拿大魁北克突袭的例子，正是英国士兵爬上了别人认为根本不可能爬上去的高岸，才使法国人的守卫猝不及防。仁川正是出奇制胜的地方。他说他相信海军胜过海军相信自己，因为美国海军在第二次世界大战的多次两栖登陆作战中曾经克服了很多困难，海军肯定也可以在仁川登陆中胜任。别的地方虽然登陆的危险性小，但价值也小。而仁川登陆可以把敌人的腰部斩断，敌人漫长的战线就会因此而瘫痪。至于第8集团军能否冲出釜山的防御圈，麦克阿瑟更认为不是个问题，他认为美国士兵们的顽强斗志会很快证明这一点。最后麦克阿瑟说：不登陆就只剩下一条路，就是在釜山继续防御。"你们愿意让我们的部队像牛羊一样在屠宰场似的那个环形防御圈里束手待毙吗？谁愿意为这样的悲剧负责？当然，我决不愿意！"

第二天早晨，即8月24日，这些人继续开会。与会者都认为麦克阿瑟应该给釜城面更多的考虑，但毫无结果。从那时起，海军和陆战队军官便彻底放弃了在釜城面登陆的想法，开始把目光集中在仁川计划上。

柯林斯和谢尔曼回到华盛顿后，向其他参谋长陈述了他们的疑虑。参谋长联席会议倾向于推迟仁川登陆，直到他们确保第8集团军能够守得住正处于新一轮进攻的釜山环形防御圈。但是，杜鲁门和约翰逊却被说服了。

有点意思的是，像杜鲁门、约翰逊、哈里曼这些文职人员竟极力支持

谢尔曼

麦克阿瑟的计划，而国内的高级军事将领——联席会议的参谋长们却疑虑重重。在仁川问题上做出最后决定时，尽管杜鲁门对麦克阿瑟在台湾问题上的犯上举动心怀不悦，但他仍然支持麦克阿瑟的计划。虽然杜鲁门怒火中烧，但他没有让自己的怒气影响到他对麦克阿瑟军事策略的判断。

哈里曼大使从东京谋和之行回国后不到两个星期，麦克阿瑟又闹了点小事情：起因是他给"海外战争退伍军人协会"的一篇电文，该协会将于8月底在芝加哥举行年度露营会。由于不能应邀前往，麦克阿瑟要求在8月28日宣读他的电文。

麦克阿瑟这份电文主要内容是：强调台湾在战略上十分重要，不能落入中国共产党之手。甚至攻击杜鲁门在处理台湾地位问题上所持的谨慎态度：

"有些人在太平洋地区鼓吹绥靖主义和失败主义。他们认为，我们如果保卫台湾，就会疏远亚洲大陆。再也没有什么论点比这种陈词滥调更荒唐的了。说这种话的人不了解东方。东方的心理模式是尊敬并听从勇武、果断而又强悍的领袖，而对胆小懦弱或犹豫不决的领导会很快反目成仇。他们不承认这种心理模式，他们低估了东方人的心智。在过去的5年中，再也没有比这一决心更让远东感到鼓舞了，因为这里的人民无不对此决心给他们的自由制度所带来的保证做出了准确的评价。"

这份电文被提前发表，并通过无线电播出，后来又刊登在8月

第三章 麦克阿瑟的计划

在军舰上转乘登陆艇的美国海军陆战队

25日的《美国新闻与世界报道》上。

★麦克阿瑟的激情演讲

为了说服同僚们，麦克阿瑟曾极富激情地说道："现在是能否保住西方国家威信的紧要关头，全世界的目光正盯着朝鲜半岛。共产党方面第一步选择了亚洲，而不是柏林，也不是维也纳，更不是伦敦和华盛顿，就是这里，朝鲜的洛东江！如果在亚洲，我们的战斗失败，下一步就会在欧洲出现重大危机。如果在这里取得胜利，欧洲也许就不会发生战争，欧洲就能够得到渴望已久的和平和自由。但是，万一我们在这里犯下了闭门造车的错误，做出了错误的决策，那一切就完了！我在说这话的时候，好像能听到命运的秒钟在滴答！我认为现在是应该果断采取行动的时候了，不然的话，等待我们的就只有死亡！"

第四章
最后的胶着

★ 虽然杜鲁门和约翰逊曾讨论过,并且也认真考虑过要解除麦克阿瑟的职务,但是他并没有在一怒之下就这么做。杜鲁门后来写道,他无意去伤害麦克阿瑟个人。毋庸置疑,正是麦克领导下蓄势待发的仁川登陆才使他罢了手。

★ 虽然处于食不果腹、敌众我寡的境地,朝鲜士兵仍然发动了攻击。他们在几个地方撕开了缺口,并在9月初通过这些缺口涌入美国和韩国军队的后方。

★ 麦克阿瑟的精心安排,没有给参谋长联席会议留下任何否决他的计划的余地。直到离部队向海滩发动攻击只有几个小时的时候,麦克阿瑟才把计划送到他们手上。林恩·史密斯中校这位携带仁川行动命令详细内容的特使,直到9月10日早上才从东京动身前往华盛顿。

★ 随着战线的拉长,朝鲜人民军补给困难的致命缺陷也逐渐显露出来,很多部队的弹药和粮食都得不到及时补给,已经成为典型的"强弩之末"!

1. 模棱两可的指示

麦克阿瑟的《海外战争退伍军人协会讲话稿》在8月26日由远东军司令部公共关系处发布，但在前一天就已经引起了国务卿艾奇逊的注意。他对"如此的厚颜无耻以及在国内外所造成的不良后果"深感震怒。同一天，哈里曼又亲口告诉了杜鲁门。杜鲁门立即认为它"只会让世人对我们关于台湾的政策感到扑朔迷离"。

麦克阿瑟有意强行改变美国政策的这一企图，或者他的笨拙，他对当时美国所面临的政治形势表现出的那种迟钝，以及其选择的时机和表现的方式，再也没有比抛出这枚炸弹更好更恰当了。在这之前，他无论是公开还是在私下里都没有给参谋长联席会议或是总统打过任何招呼。

仅仅在一个月以前，杜鲁门在给国会的一封关于远东形势的信中强调指出，美国不在台湾寻求任何"特殊地位和特殊利益"。"目前台湾的军事中立无损于影响该岛的政治问题，"杜鲁门说道，"我们的愿望是，台湾不应卷入扰乱太平洋地区和平的敌对行动中，影响台湾的所有问题都应以联合国宪章规定的和平方式加以解决。"

新中国政府很快向联合国安理会递交了一封信件，指责美国"公然侵蚀"中国领土，并要求"从台湾及其他属于中国的领土上撤出侵略军"。后者可能是指大陆附近仍然由国民党占领的澎湖列岛和其他小岛。

杜鲁门立即指示美国驻联合国大使沃伦·奥斯汀,要他向联合国秘书长赖伊提交一封信,信中重申杜鲁门的公告,否认美国对中国的任何侵略,并向中国保证台湾的中立"并非因美国有获取特殊地位的任何意图而引起"。

如果不对麦克阿瑟在海外战争退伍军人协会发表的电文表示异议,全世界,尤其是中国,便会把它理解为对奥斯汀大使所作保证的驳斥。美国为了安抚世界舆论,精心拼凑了一幢勉强立得住的大

美国国务卿艾奇逊

厦：美国即使公然阻止中共进入中国一个不可分割的省份，但对新中国却没有侵略意图。这一点，大家也都承认，包括国民党在内。而麦克阿瑟的电文则损害了这幢大厦的基础。

杜鲁门召集艾奇逊、约翰逊、哈里曼和参谋长联席会议的成员开会，柯林斯和谢尔曼由于正从远东返回而没有到会。

杜鲁门"紧绷着发白的嘴唇"，把麦克阿瑟的电文读了一遍，然后问在座各位事先是否知道此事。大家都说不知道。艾奇逊感到"这种犯上行径无法容忍"。布莱德雷说，他感到极为震惊，认为该电文狂妄至极。杜鲁门指示国防部长约翰逊，要他命令麦克阿瑟收回这一声明。

显而易见，麦克阿瑟的电文是无法收回的，它早传播到了全世界的新闻界，而印刷机也正在不停地运转。收回电文只能理所当然地被看作是针对麦克阿瑟采取的一个严厉而直接的处分行动。

约翰逊不愿意带头在太岁头上动土。据布莱德雷说，他"把一天的大部分时间都花在试图推掉这一差事上了"。最后，怒火中烧的杜鲁门直接打电话给约翰逊，亲自口授了发给麦克阿瑟的命令。

电文如下："鉴于你发给'海外战争退伍军人协会'全国露营会的电文中关于台湾的许多要点与美国政策及美国在联合国的立场相抵触，美国总统指示你收回这一电文。"

虽然杜鲁门和约翰逊曾讨论过，并且也认真考虑过要解除麦克阿瑟的职务，但是他并没有在一怒之下就这么做。杜鲁门后来写道，他无意去伤害麦克阿瑟个人。毋庸置疑，正是麦克阿瑟领导下蓄势待发的仁川登陆才使他罢了手。

对麦克阿瑟的申斥并没有产生杜鲁门和约翰逊所希望的效果。

考虑到麦克阿瑟的电文所包含的明确含义，他的反应不同凡响。麦克阿瑟立刻向约翰逊发出抗议，声称他的电文是经过精心拟定的，是支持总统发布的中立台湾的命令的。他还补充说，全世界在公开和私下场合都在自由地讨论台湾问题，他在海外战争退伍军人协会表达的"纯粹是个人观点"。作为美国政府委派的承担维护

装甲车上的士兵

台湾中立职责的美国军官，似乎可以发表与中立相反的个人观点，并且不会在国际上激起轩然大波。

要么这是一个令人难以置信的天真之态的实例，要么这是一个旨在改变美国对中国和台湾政策的用心良苦的举动。不管麦克阿瑟的动机是什么，其结果是激起了共和党和麦克阿瑟之间的对立情绪，它"进一步强化了他狂妄自大、桀骜不驯的形象"。

麦克阿瑟收回了他给海外战争退伍军人协会的电文。杜鲁门试图对他加以安抚，便在8月29日直接写信给他，并把奥斯汀写给赖伊的信的文本寄给他。杜鲁门写道："我确信当你细读此信时……你便会理解我26日指示你收回你的电文之举。"在结尾，杜鲁门就仁川登陆会议的结果向麦克阿瑟表示祝贺。这封信建议麦克阿瑟摒弃前嫌，携手共进。遗憾的是，麦克阿瑟心里想的可不是这样。

"海外战争退伍军人协会"事件的直接后果是使新中国更加怀疑美国有入侵大陆的目的，这就使苏联人在宣传上占据了上风。苏联驻联合国大使安德烈·维辛斯基在一次发言中说："不是别人，而是麦克阿瑟近来大言不惭地向全世界宣告了美国领导层要不惜一切代价把台湾变成美国在远东的军事基地的决定。"

在"海外战争退伍军人协会"之战中倒下的士兵是约翰逊。杜鲁门通过哈里曼得知，约翰逊试图和共和党议员密谋罢黜艾奇逊。于是，他不愿执行命令去申斥麦克阿瑟这一抗命行为使杜鲁门忍无可忍。杜鲁门要求约翰逊辞职（约翰逊9月12日辞职），然后立即要求马歇尔接受这一职务。在参议院批准任命的听证会上，马歇尔这位著名的军人（陆军参谋长，1939—1945）、前国务卿（1947—1949）获得通过，但他却不得不受到一些共和党极端分子的野蛮攻击。

尽管让"海外战争退伍军人协会"电文事件给弄得焦头烂额，参谋长联席会议也不能容忍在仁川的决策上再久拖不决。

几乎有 7 万人的进攻部队和一支庞大的海军舰队以及大量的战斗机群正在集结，而距离进攻的日子也只有两周多一点的时间。由于杜鲁门继续支持在仁川登陆，而他们作为一个机构仍然持有强烈的保留意见。于是，参谋长联席会议在 8 月 28 日给麦克阿瑟

美军战斗机

发去一封电报。这则电报可以说得上是模棱两可的华盛顿式措辞的杰作。

尽管参谋长们大体上同意作战方案，但是行文谨慎，没有明确确定任何地点。其意图不言自明——他们希望对登陆地点在最后时刻给予重新考虑。这则电文如下：

"在审核了柯林斯上将和谢尔曼上将带回的资料之后，我们同意着手准备，在确保敌人在仁川附近没有有效防御的情况下，同意由两栖部队在朝鲜西海岸的仁川或者在仁川以南有利的海岸（如果能够找到这样一个地方的话），发起一次转折性作战行动。此外，远东总司令（麦克阿瑟）如有此意，我们同意为两栖部队在群山附近进行包抄做好准备。我们理解为了充分利用战局的发展而正在制订的预备方案。我们期望获得与可能的目标区域有关的情况以及与您的进攻意图和计划有关的及时情报。"

即使参谋长联席会议要放弃仁川的念头可能让麦克阿瑟起了疑心，但他仍然不动声色。事实上，麦克阿瑟一直在继续为仁川方案做准备，对参谋长联席会议的来电理都没理。

8月30日，麦克阿瑟下达了仁川登陆作战部署命令：第10军在仁川登陆，并夺取汉城和金浦机场，海军第7舰队负责输送登陆部队并给予必要支援，美国远东空军担负登陆作战的空中掩护和直接空中火力支援，并同时以主力支援美第8集团军在釜山地区作战。

美国海军陆战队员

参战地面部队第 10 军由美国海军陆战队第 1 师、陆军步兵第 7 师、工兵第 2 旅、空降兵第 187 团和韩国第 17 步兵团、陆战团等部组成，总兵力约 7.5 万人，军长为爱德华·阿尔蒙德。

海上兵力主要来自美国海军第 7 舰队，还有少量的英国、加拿大、荷兰、澳大利亚和新西兰的海军舰艇。

9 月初，朝鲜人民军又向洛东江防线发动攻势，釜山局势一度相当危急，以至于布莱德利特意征询麦克阿瑟，是否因为战况的变化而变更登陆计划？麦克阿瑟对他表示了不改变登陆计划的坚定信心。

由于朝鲜人民军在攻势中显示了相当强大的攻击力量，这就使

仁川港湾的美国军舰

美国最高军事当局担心第8集团军还有没有足够的力量来配合登陆部队实施夹击，如果只靠两个师多一点的登陆部队能否顺利攻占汉城并顶住朝鲜人民军随之而来的反击？这使华盛顿的众多高级将领忧心忡忡，因此布莱德利再次询问麦克阿瑟："我们对朝鲜最近战况的变化感到非常不安。登陆时，当然要使用能从第8集团军抽出的全部预备兵力。但是，像预定那样开始进行的作战是否妥当？有多大把握能在仁川登陆？"

而此时，作战计划的具体细节已全部制定完成，从各处调集来的参战部队也都集结完毕，并已分别受领了作战任务，第一批登陆部队甚至已经开始在朝鲜西海岸待机或完成了航渡！因此，麦克阿瑟向华盛顿发出了一封长长的电报，详细阐明了自己的观点。

★麦克阿瑟的威胁

麦克阿瑟先斩后奏，先正式通知下属主要指挥官9月15日为"仁川登陆日"，然后向华盛顿发出最后通牒称："我认为行动的可行性没有任何问题，而且行动获得成功的可能性极大。""若不在仁川登陆将把战事延长至朝鲜半岛寒冷的冬季"，并强调"登陆行动可切断敌军薄弱的供给线"。"海军从未让我失望，而且我知道他们现在也不会让我失望。"9月9日，参谋长联席会议简要地回复称："你的计划已获准实施并已向总统汇报了相关情况。因此，关于仁川登陆计划的争论结束了。"

2. 釜山防御圈决战

恰在此时，朝鲜司令部看到突破到釜山的机会日渐消失，便在釜山防御圈周围发起了孤注一掷的总攻。

朝鲜为发起9月攻势，集结了大约9.8万人，其中三分之一是新兵，而新兵中大部分是在韩国境内征召的。这些士兵几乎没有经过训练，常常连武器也没有便匆匆上了前线。而对付这些军队，联合国军却有大约12万人的战斗部队,另外还有6万人的支援队伍。

联合国军对朝鲜漫长交通线的空袭并没能挡住朝鲜的铁路运输,不过也极大地削弱了它的运输能力。补给品中重中之重的弹药和油料仍持续不断地运送到前线,但是数量已经减少。他们还补充了相当数量的坦克、大炮和迫击炮,但是都不足以和联合国军占压

美军运送伤员

第四章 最后的胶着

倒优势的武器相抗衡。最先是轻武器开始短缺,并且一星期比一星期严重。事实上,他们已经无法获得新卡车,衣物也已经断绝了供应。然而,朝鲜军最缺乏的还是食品——由于弹药和燃料优先,运来的食品定量分配只够一天吃一两顿饭。

9月初,食品供应情况极为糟糕,大部分朝鲜人已经显得体力不支,战斗力被严重削弱。

虽然处于食不果腹、敌众我寡的境地,朝鲜士兵仍然发动了攻击。他们在几个地方撕开了缺口,并在9月初通过这些缺口涌入美国和韩国军队的后方。

朝鲜军队在5个地方发起了猛攻:两个师朝着南面的马山向美国第25师攻击;两个师沿着洛东江中段朝着釜山—大邱的铁路和公路方向美军第2师攻击;三个师试图在大邱突破美第1骑兵师和韩国第1师的防守;两个师朝着永川和大邱东边的侧向走廊突破了韩国第6和第8师的防线;还有两个师试图突破驻防在东海岸的韩国首都师和第3师的防线以便从此打通直达釜山的庆州走廊。

在随后的激烈战斗中,朝鲜军队取得了重大战果。到9月3日,沃克已在5个地方面临险境:朝鲜军队在浦项洞突破了防线;在大邱和浦项洞之间的永川,侧面走廊被分割;在大邱以北的山区朝鲜军队占据了要地;在洛东江下游朝鲜军队突破洛东江江湾在马山附近最南端向第25师主力的后部发起了猛攻。

朝鲜军队的战力简直令人难以置信。正是他们意识到成败在此

前线上的美国士兵

一举才这样破釜沉舟，但这已经无关紧要。在战术上，朝鲜司令部也作了改进，从某种程度上使美国空军和炮兵的破坏性轰击效果打了折扣。但在白天，只要联合国军的战斗机或轰炸机一飞来，或者前方炮兵观察员能够看得见，朝鲜人在前线就根本别想动弹。

在战俘审问中，美国人发现了朝鲜第6师师长潘何森对战术变化所做的解释："从现在起，白天进行战斗准备，日落不久即发起进攻，把大部分战斗行动集中在夜间进行，夺取敌人的基本阵地。从午夜起接近敌人，从距敌100米到150米的地方发起近战。即使在拂晓，敌机也分不清敌我，这样便可避免重大伤亡。"

在崇山峻岭的中线战场和浦项洞的东海岸一线，韩国军队和朝鲜军队之间残酷的战斗持续了两周，双方损失都极为惨重。由于美军第 24 师的协助和几个炮兵营与联合国军空军及海军的狂轰滥炸，韩国军队最后才把朝鲜人赶回到了大山里。

在这一战区，朝鲜司令部最大的失败在于，它无法为推进的部队提供足够的补给。其进攻实际上就夭折在后勤大动脉的末梢，从这里，后勤动脉在无路可行的大山里渐渐萎缩成了毛细血管。就连这些毛细血管也常常被空军的截击所割断，根本无法为前线提供充

遭到美军轰炸的补给线

足的给养。

在大邱北面的西北方向，第8集团军正面临着严峻的挑战。3个朝鲜师向美军第1骑兵师发起了进攻。尽管美军多次反击，朝鲜军队仍然朝着大邱推进，使美军防线从西部的倭馆到靠近北部大阜

坐在地上哭泣的韩国女孩

洞的那条老的"保龄球道"形成弧圈。9月3日,美军第1骑兵师防守的大阜洞和佳山失守。佳山是一座古城,四周有城墙环绕,数百年前修建的堡垒的废墟和石砌的城墙俯视着902高地。从这座山峰往西几公里就是大阜洞,往南仅16公里就是大邱。

在南江和洛东江交汇处以北的洛东江江湾一带,形势更加危急。朝鲜军队在江湾处以及江湾南北江面的无数个地点渡过洛东江,向刚到这一线的第2师发起攻击。在江湾的南端,朝鲜第9师用照明弹和哨声发出信号,以非同寻常的兵力打击了美军第9团的C连。该连仅仅在阵地上坚守了不多久便溃不成军,其中大多数人一直逃到了洛东江下游的第25师阵地。

在江湾西部边沿,朝鲜第9师的余部以惨重的代价把美军第9团的B连击溃。C连的不战而逃和B连的一败涂地,使防线上留下了很宽的缺口,数以千计的朝鲜军队蜂拥穿过缺口,经过苜蓿叶式高地和五峰里岭,直驱龙山。

同时,朝鲜的第2师在江湾以北,占领了第23团C连的阵地,该连大部被歼,仅有20人生还。部署在稍稍靠北一些的第23团B连也损失惨重,不得不撤出战斗往东面退去。朝鲜人已经渗透到南北走向的长连至龙山公路,把美军第2师分割成了两段——第23团和第38团在北边,第9团以及师部在南边。朝军在第2师的防线中部撕开了一个10公里宽、13公里纵深的缺口,第9和第23团的前线各营都被打得晕头转向。

美军登陆朝鲜半岛

在马山以西的南方战线上，朝鲜第 6 和第 7 师向驻扎在南江一线的第 25 师的第 35 团和驻扎在咸安以西、战斗山和笔洞以北的第 24 团的第 2 营发起了猛烈的进攻。一支大约 300 人的韩国警察部队在南江渡口以南驻防，距南边的一个村庄约 3 公里。朝鲜军队将其击溃，源源不断地从缺口穿过，运动到仍然驻防在南江一线的第 35 团的背后。

同时，朝鲜第 6 师攻击了部署在咸安以西小北山的第 24 团第 2 营。该营大部分士兵四散奔逃。朝鲜人猛冲过来，包围了咸安。第 24 团团长亚瑟·钱普尼命令部署在咸安以南 5 公里用作预备队的第

1营发起反攻，堵上缺口。但和朝鲜人刚一交手，该营便溃不成军，往后方逃去。这样，拂晓刚过，第24团的两个营作为作战部队事实上已不复存在。朝鲜人向东迅速大举推进。

釜山环形防御圈的形势危在旦夕。

第8集团军司令官沃克认为，最大的危险在洛东江江湾一带，朝鲜军队在那里的突破最为严重，渗透得也最深。他要求空军攻击朝鲜人的补给队伍和洛东江以西江湾地区的援军，以便最大限度地

作战间隙中休息的韩国警察部队

把敌人从战场上孤立起来。远东司令部指示海军加入战斗。

第7舰队迅速掉头，从攻击仁川和汉城的预定位置撤出，全速向南航行以便使舰载飞机进入作战区域，协助陆军防御洛东江江湾一带。沃克还命令已经准备开往釜山发起仁川登陆（当然，尽管军队并不知道这一点）的海军陆战队（第5陆战团）处于待命状态。他命令陆战队返回防线，支援部署在洛东江江湾上的第2师。

第2师师长劳伦斯·凯泽实际上已经没有部队去防守龙山。

情急之下，他让第2工兵战斗营、第2师侦察连、第72坦克营外加防空武器顶了上去。虽然朝鲜人占领了龙山，但是，这支无足轻重的部队却阻止了他们开进，并把那里的主要铁路和公路线切断了。工兵在城南和城东坚守阵地，控制了进出龙山的主要道路。朝鲜军队向工兵营发起了进攻，第2工兵营既没有大炮，也没有迫击炮。于是，他们便用9支新式和9支老式火箭筒代替大炮。

火箭筒加上机枪、步枪和手榴弹的火力，使朝鲜人受到重创。部署在龙山东边和南边出口处第72营的中型坦克用密集的炮火阻止了朝鲜人的前进。朝鲜人在城南山坡上横七竖八丢下了数百具尸体，但是，美军也付出了很高昂的代价。在这次混战中，美军希尔从洛东江阵地溃退到龙山附近的残部中，重新组织起一支大约800人的队伍。下午，这支混编队伍通过工兵营的阵地发起进攻，重新占领了这座城池。空中打击和火箭筒摧毁了数辆朝鲜T-34坦克。到了晚上，朝鲜军已被赶到了龙山以西的山地里。

第四章 最后的胶着

美军第 5 陆战团到达龙山后，随即进入阵地，展开反攻。陆军和陆战队的先遣队到达距西边的龙山 3 公里的阵地。当时，龙山正遭受着朝鲜军队密集火力的攻击。陆战队的装甲车击毁了 4 辆 T-34 坦克，第 5 辆上的士兵也弃车而逃。

在空军的不断轰击下，朝鲜军队士兵纷纷逃散，陆战队便乘机占领了城西的一个高地。还有一次，朝鲜的增援部队正在推进时，被困在稻田里，飞机猛烈轰炸，大炮集中射击，轻重武器一齐狂

一辆废弃的美国军用吉普和战死的士兵

扫。顷刻之间，朝鲜部队便被摧毁。虽然取得了这样的战果，但对美国人来说这一天也是代价惨重的：仅陆战队就有34人阵亡，157人受伤。

翌日，美军发起反攻，朝鲜军队此次一触即溃。美军陆战队迅速占领了朝鲜军队第9师师部。那里的帐篷还原封未动，两辆被遗弃的T-34坦克完好无损。美国人发现，在往西的道路上，随处可见朝鲜人的尸体和击毁的或者被遗弃的装备。黄昏时刻，反攻的队伍又推进了5公里。

9月5日，大雨倾盆。一大早，朝鲜军队便向美军第9团发动了猛烈的突围攻击。他们突入到了步兵阵地。于是，美国士兵便用刺刀与其展开肉搏战，最终遏制住了朝鲜军队的攻势。天一放亮，美军反攻便又开始了。这一天还是阴雨不断，上午10点左右，美军陆战队逼近五峰里岭，到达苜蓿叶式高地，这里曾是他们8月攻势的老战场。这一次，陆战队从山岭之间的山口突破，占领了山岭那边朝鲜军队的阵地。美军先头部队行动十分迅速，朝鲜人根本没有来得及重新占领和巩固这两处易守难攻的要地。

下午，一支朝鲜军队从隐蔽的阵地突然冒出，向部署在隘口公路南边一座小山上的陆战队B连发起进攻。两辆T-34坦克出其不意地摧毁了打头的两辆"M26潘兴"式坦克。配备着火箭筒的美军突击队冲上前去，摧毁了这两辆T-34坦克和紧随其后的装甲运兵车。朝鲜人的进攻异常猛烈，并一直持续着，直到美军增援人员上来后，在陆军大炮和陆战队迫击炮的配合下才遏制了对方的进攻。

到了9月6日，根据麦克阿瑟的命令，第5陆战团从五峰里阵地撤出，返回到釜山为仁川入侵充实兵力。

★沃尔顿·哈里斯·沃克（1889—1950）

1889年12月3日，沃克生于德克萨斯。第二次世界大战时，他作为第20军军长在横贯法国中部的进军中扬名，第20军也以其进军速度而得"幽灵军"之名。他的上司乔治·巴顿颇为器重他，常用粗鲁的话语称他为"我那个最棒的杂种小子"。

沃尔顿·哈里斯·沃克

1945年6月，他在德克萨斯接管第8预备役集团军司令部，1948年9月指挥驻日本的第8集团军。该集团军是麦克阿瑟指挥的远东指挥部地面武装部队。1950年6月25日朝鲜战争爆发后，沃克即将司令部迁往釜山，负责指挥驻朝美军，并被授权指挥韩国陆军。由于美国军力不足，再加上韩国军队士气低沉和缺乏重型装备，因此，沃克在朝鲜东南部保卫釜山周围225公里的战斗是艰苦而疲惫的。

1950年12月23日，正当他试图在北纬38°线附近建立新防线时，在汉城北部的一次吉普车事故中丧生。

3. 折中方案

陆战队的撤出遭到了沃克强烈反对。早些时候，他对阿尔蒙德说过，要是他手里没有第5陆战团，他就不能对环形防御圈的安全负责。而第1陆战师师长史密斯则坚持认为，没有第5陆战团，他就无法发动仁川登陆，尤其是在第3陆战团不能按时参加进攻的情况下。

阿尔蒙德提出了一个折中方案，让第5陆战团留在环形防御圈内，而把第7步兵师的第32团调给第1陆战师。这个建议当即被史密斯一口回绝。后来在乔伊、斯特鲁布尔和多伊尔3位上将的陪同下，史密斯前往第一大厦跟麦克阿瑟和阿尔蒙德摊牌。这次会议必定是一场暴风骤雨，而有关这次会议的干巴巴的报告只是说双方"陷入僵局"。

而后，会议正在进行之时，阿尔蒙德把麦克阿瑟叫进了一间私人办公室。他对麦克阿瑟说，如果没有第5陆战团，史密斯和海军就不打仁川。麦克阿瑟这才说："告诉沃克，他必须让出第5海军陆战团。"

多伊尔

麦克阿瑟派远东司令部作战训练处的莱特亲自去向沃克传达关于调离第5陆战团的命令。如此谨小慎微地对待第8集团军司令官，反映出沃克当时十分担心环形防御圈的安全。莱特告诉沃克，第5陆战团最晚必须在9月5日晚至6日晨撤出；但是，莱特说，为了减轻由此带来的打击，第7师第17团将会调往釜山用作"流动预备队"，供沃克在需要时调用，而不再直接乘船开赴仁川参加登陆行动。他还对沃克说，预定于9月18日至20日到达远东的第3师第65团也将会直接转运釜山，归第8集团军调用。

毫无疑问，这对沃克多少是个安慰，尽管一支未经考验的新兵组成的"流动预备队"没法和身经百战的第5陆战团相提并论。进入9月以来，对沃克来说简直度日如年。虽说第9团和第5陆战团

朝鲜居民哀悼战死的家人

在洛东江江湾发起的反攻进展顺利,朝鲜人仍然对大邱的北部和西部构成很大压力,对马山附近的威胁也丝毫未减。朝鲜人在这些地方的成功进攻动摇了驻扎在大邱的美军司令部的信心,而在第8集团军司令部,同时也在国防部内出现的一个问题是:洛东江防线能不能守得住。

沃克面临着一项日益逼近、影响深远的抉择,失去第5陆战团也丝毫没有减轻抉择的难度:第8集团军是否应该撤退到所谓的戴维森防线?这条防线是由一位工兵军官加里森·戴维森在8月间仓促划定的陆军最后一道防线。其环形防线比敦刻尔克的防线还大,但是,显而易见,它也会让敦刻尔克的情景再次重现。

虽然进攻部队和掩护舰队已经蓄势待发,但进攻仁川的决定尚未最后做出,此时此刻退至戴维森防线,可能会给第8集团军和麦克阿瑟在西伯利亚的寒风吹来之前发动的反攻带来灾难。一场很快即可结束的惩罚性战争可能会成为漫长的消耗战。

沃克明白,这个决定事关重大。然而,作为一军之长,他要对部队的安全负责,别人谁也做不到,甚至连麦克阿瑟也做不到。

乍一看,沃克的焦虑毫无道理:尽管他减少了大约4000名陆战队员,但在人数上,他的兵力仍远远超过朝鲜人;况且,在发动进攻的头几天里,朝鲜人伤亡惨重,已经大伤元气。就火力而言,联合国军更是占尽优势。但是,沃克眼前的情况却使他十分清醒:尽管联合国军优势明显,但朝鲜军队却处于攻势,而且正在突破美军的阵地。

沃克和他的高级参谋以及大多数师长仔细商谈了撤退一事。在商谈时，沃克并没有做出最终决定。为防万一，第八集团军的作战训练处拟订了9月6日早晨5点撤退的命令。但是，就在当夜，有"猛犬"之称的沃克却决定固守，决不撤退。

在遥远的美国国防部，人们极为担心第8集团军的安全，其程度远远超过了沃克所面临的实际局势。

在参谋长联席会议的成员们看来，朝鲜人把联合国军赶出环形防御圈的危险似乎确实存在。布莱德雷隐隐感到，麦克阿瑟命令第5陆战团撤出，更大大增加了这种危险。

早在8月28日，参谋长联席会议曾给麦克阿瑟发去电报，同意仁川登陆的计划，但要求他提供更多的信息。然而，麦克阿瑟却只字未回。

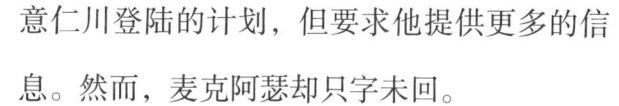

读了关于朝鲜人的推进以及联合国军有可能撤退到戴维森防线的报告后，参谋长们大为震惊。9月5日，他们向麦克阿瑟发出信号，示意他提供消息："依据要求……期待着您告知就9月中旬的两栖行动计划所做的修改。"麦克阿瑟用漫不经心的一句话就打发了这一提示："该计划的整体轮廓一如对您所述。"然后，他答应于9月11日前派特使将

布莱德雷

详细的行动计划送给他们。

在参谋长们看来，这样的答复显然不够。

9月7日，他们决定给麦克阿瑟发去最后警告，如果仁川登陆失败，或者不能速胜，其后果将是灾难性的。参谋长们的电文内容是：

"虽然我们同意在朝鲜尽早发动反攻，但是我们十分关切地注意到那里最近事态的发展趋势。我们要求您依据所有因素，包括投入第8集团军现有的所有预备队，在按计划发起作战行动的情况下，对于该行动的可行性以及成功的概率做出估计。我们肯定，您一定了解，除第82空降师外，美国现有的受过训练的陆军部队已经悉数由您指挥。您也明白，万一第8集团军的主力无法迅速和第10军以及远东司令部现有的兵力会师，第一批部分受过训练的国民警备师最短也需要4个月方可抵达朝鲜。"

后来，麦克阿瑟声称，这份电报"简直使我心寒至极"，因为它极力暗示"整个行动都应该放弃"。然而，从麦克阿瑟当即做出的答复中，丝毫也看不出他感到寒心：

"在我看来，作战行动的可行性毫无问题，而且我认为成功的概率极大。我进而相信，这是从敌人手中夺取主动权唯一的希望所在，因此，也是给予敌人决定性打击的一次机会。任何别的做法，都会把我们拖进遥遥无期的战事中，日益消耗、胜负难料，因为敌人增援和集结的潜力远远高于我们……环形防御圈之内的局势并未到千钧一发的程度。采取局部收缩和阵地防御以应付突发事件的可能性是存在的。但我们的军队根本不可能会从釜山的滩头阵地中给驱逐出来。北部的包抄立即可以解除南部环形防御圈的压力,而且,这是解除压力的唯一途径……北部包抄的成功并不取决于第10军和第8集团军的迅速会师。夺取敌人在汉城地区供应体系的中心地带将会使在韩国作战的敌人的后勤供应彻底陷入混乱,由此可使他们最终土崩瓦解……由于我军拥有绝对的空军和海军优势,我军完全可以维持。在我军的南北夹击之下,再加上敌人后勤补给的崩溃,敌人必将土崩瓦解。虽然我方两支队伍的迅速会师对于彻底击溃敌人具有极大的象征意义,但在整个作战行动中,这并不是胜负攸关的一环。由于以上所述原因,已经拟订并已经向你们报告的作战行动并无实质性的变动。部队的调动,空军和海军的战前准备正在按部就班地进行。我重申,我与我所有的指挥官以及参谋人员,均对包抄行动的成功充满热情和信心,无一例外。"

麦克阿瑟所说的所有参与仁川行动的军官都一致同意,这未免有点言过其实。布莱德雷在自传中对他颇有微词。他写道:"海军,尤其是陆战队军官对行动持有很大的保留意见。但麦克阿瑟给参谋长联席会议发出的信号,却是对仁川登陆以及必将取胜的理由精彩而又具有说服力的总结。这该会打消他们的担心了吧?没有。"

9月8日,参谋长联席会议对仁川行动进行了最后讨论,早上,还和杜鲁门一起详细审核了麦克阿瑟的回复。"参谋长联席会议要

美军弹药库

对仁川计划正式表示不同意,已经为时太晚。"布莱德雷说。他们曾对杜鲁门说,他们同意仁川计划,同一天,他们还迅速电告麦克阿瑟:"我们赞同您的计划,并已把此意告诉了总统。"

麦克阿瑟的精心安排,没有给参谋长联席会议留下任何否决他计划的余地。直到离部队向海滩发动攻击只有几个小时的时候,麦克阿瑟才把详细作战计划送到他们的手上。林恩·史密斯这位携带仁川行动命令详细内容的特使,直到9月10日早上才从东京动身前往华盛顿。麦克阿瑟半开玩笑地对他说:"不要到得太早。"他还叮嘱史密斯,把这句话也捎给参谋长联席会议:"要是他们认为风险太大,就说,我说过,这是十拿九稳的事。最大的冒险是华盛顿把美国军队部署到亚洲大陆。"

9月13日23点,史密斯抵达华盛顿,翌日上午11点才在参谋长联席会议成员们面前露面。等史密斯陈述完毕,回答过问题,参谋长联席会议要取消计划已经来不及了。攻击时间是远东时间9月15日早上6点30分。

正当高级将领们还在讨论仁川登陆是否可行时,执行作战行动的陆战队队员、水手、步兵和航空兵已经登上军舰、飞机,朝着仁川浩浩荡荡地进发。不过,当时除了策划参与者之外,并没有人知

麦克阿瑟亲自督战

道他们的目的地。当时倒有不少传言，但却得不到确切的消息。

★朝鲜人民军的误判

朝鲜人民军没有预计联合国军进攻仁川。朝方预计（可能由于美国的反情报网误导的情报）联合国军主要的进攻将指向群山，结果只派出少量部队前往仁川。金日成在联合国军登陆后所写的文件指出："原本的计划是在一个月内结束战争，我们不能消灭4个美军师团……我们因联合国军、美国空军及海军的出现而感到震惊。"

4. 挥军仁川港

与此同时，坚守釜山环形防御圈的战斗还在进行着。

沃克用不着再为第8集团军的安全担忧了。在第5陆战团和第9团的手里，朝鲜第9师在洛东江江湾遭受了灭顶之灾。尽管朝鲜实力不济的第4师渡过洛东江前往增援第9师，可他们谁也没有足够的力量朝美军第9团方向推进，只有孤零零地待在苜蓿叶式山和五峰里岭。

尽管在环形防御圈的其他地方战斗仍在激烈地进行着，情况和这里也一模一样。美军的反攻把已经渗透到洛东江江湾以北第23团阵地上的朝鲜第2师逼了回去。英国第27旅也首次投入了战斗。

沃克把它部署在第 2 师的北边，以阻止朝鲜军队沿高灵—大邱公路从永浦桥跨过洛东江。

英格兰和苏格兰的职业军人表现顽强。令该地区的英军和美军感到庆幸的是，尽管通往洛东江东边的无路可走的山地，向北可取大邱，向南可攻第 2 师的后方，而且通道大开，但是，朝鲜第 10 师竟然没有向英军或美军的阵地发动有力的攻击。

大邱的北面连续几天情况都很糟。美军试图夺回佳山（902 高地），却未能得手，且伤亡惨重，被用作步兵的工兵连几乎伤亡过半。朝鲜人向前推进，越过佳山，在距大阜洞南边 3 公里处设置路障，并在距大邱只有 13 公里的地方，占领了 570 高地，居高临下，直逼大邱。

9 月 8 日，美军第 1 骑兵师的反攻战斗异常激烈地展开了。当时朝鲜人已夺占 314 高地并威胁到距大邱更近的 660 高地。第 1 骑兵师于是集中兵力攻击 314 高地，经过惨烈的战斗之后，于 9 月 12 日夺取了高地。第 7 骑兵团第 3 营 8 月底才到达朝鲜，仅在这次攻击行动的头两个小时中就有 229 人阵亡，而整个营才只有 535 人。314 高地的战斗结束之后，朝鲜人缓慢地且战且退，对大邱的压力最终解除了。

在马山以西的南部前线，第 27 团被派往咸安美军防线，去堵住由于第 24 团的两个营溃散而留下的巨大缺口。320 公里开外，"福日谷"号航空母舰和"菲律宾海"号航空母舰正开足马力，以 27

第四章　最后的胶着

节的航速朝着战场驶来，从舰上起飞的海军飞机和空军战机一道发起了轮番轰炸，以协助第 27 团的进攻。朝鲜军队遭到了重炮、迫击炮、坦克密集炮火的迎头痛击和由营指挥部指挥的空军及时准确的空中打击。朝鲜军队的进攻被击退以后，该营阵地前留下了数百具朝鲜人的尸体。

朝鲜军队绕到第 35 团背后，想把它与其他部队分割开来，但是，该团坚守阵地。尽管在混战中美国人遭受了极大的伤亡，但美

缓慢撤退的朝鲜军队

军的火力最终把对方压了下去。就这样，尽管出现了严峻的恐慌，南部美国人的防线还是挺了过来。

战争初期朝鲜人民军总兵力约 10 万左右，而到此时，经过连续作战的消耗，技术装备和富有战斗经验的骨干兵员损失较大，战斗力与开战初期相比，已有明显的下降。兵员损失达 5.8 万人，经过补充后，总兵力维持在约 6.9 万人，火炮损失了三分之二，作为突击骨干力量的 150 辆 T-34 坦克也只剩下 40 辆可用。

加之随着战线拉长，补给困难的致命缺陷也逐渐显露出来，很多部队的弹药和粮食都得不到及时补充，已经成为典型的"强弩之末"。

相比之下，联合国军方面在兵力数量上已处于优势地位。不

沃克在观察美军登陆部队

街头抗议的平民与韩国士兵

过韩国军队多为新兵,单就战斗力估算,双方是半斤八两,相差不多。但美军依然高估了朝鲜人民军的实力,认为朝鲜人民军损失总数只有3万左右,所以并没有采取主动的行动,而是采取了防御战术。美军依托有利的地形,战线相对缩小,这样可以集中兵力和火力,还能利用釜山及其周围地区发达的交通网迅捷调动部队和补给,同时通过釜山港还可以得到源源不断的物资和人员补充。

朝鲜军队的9月攻势虽然表面看上去气势汹汹，但此时在洛东江环形防线的美第8集团军，经过不断的人员补充，实力已达到约9万人；而韩国军队经过整顿与重新编组，已恢复到约9万人的规模；联合国军总计约18万人，400门火炮，600辆坦克。而朝鲜人民军则只有9.8万人，其中还有不少刚征召入伍的新兵，300门火炮，100辆坦克。

两相对比，朝鲜人民军无论是在人数还是在装备上，都处于劣势，更不用说联合国军还拥有强大的海空军支援。因此，尽管朝鲜人民军士气高昂，作战英勇顽强，但是付出巨大代价后依然无法突破洛东江环形防线。

美军骑兵师第5团士兵在大田

第四章 最后的胶着

双方就在朝鲜半岛最南端的釜山地区呈现胶着状态。但是，对于朝鲜人民军而言，灭顶之灾正在步步逼近！

朝鲜战局从表面上看，朝鲜人民军方面已经取得了巨大胜利，不仅占领了朝鲜半岛90%的土地，而且正在向敌人的最后防线发起一轮又一轮的猛烈攻势，似乎胜券在握，距离最终的胜利只有一步之遥！但是仔细分析，朝鲜人民军几乎已经倾注了全力，连战略预备队都用上了，仍难以突破敌方最后的防线。

联合国军因为在兵力火力各方面都数倍于朝鲜人民军，并且这一优势还在不断加大，不仅守住最后防线不成问题，而且完全可以实施反攻。但是如果仅是单纯的反攻，即使反攻得手，朝鲜人民军也能逐次抵抗边打边退，最多打成击溃战，不能全歼朝鲜人民军。

如果跳出战火正酣的洛东江防线，综观全局，联合国军掌握着绝对海空优势，充裕的预备队（美军于8月中旬开始组建第10军），加上其在第二次世界大战期间积累的丰富的两栖登陆作战经验，而朝鲜半岛三面临海，又是南北狭长的地理特点，正是其实施侧后两栖登陆的绝佳条件！一旦美军在朝鲜人民军侧后的两栖登陆成功，完全可能发生战局大逆转的情况。

麦克阿瑟设计的"仁川登陆"，离成功只有一步之遥了。

仁川位于朝鲜西海岸中部，距离汉城只有32公里，最大特点是潮汐落差很大，平均落差为6.9米，最大落差达10米，是亚洲第一，世界第二。而且仁川港的潮汐也很奇特，每个月只有一天的满

美军两栖登陆舰

潮,每个满潮日的高潮时间也只有早晚各3小时,而美军的登陆舰艇由于吃水所限(直接抢滩的小型登陆艇吃水为7米,登陆舰吃水为8.8米),只有在满潮时才能进入港湾。

9月之后的满潮日依次是9月15日、10月11日和11月2日,这也是登陆之所以选择9月15日的根本原因(只要稍有军事地理知识,仁川登陆日是完全可以准确预测出的)。

即使是9月15日的满潮,满潮的具体时间也只有早上6点59分和晚上7点19分两次,中间整整相距13个小时。

也就是说,如果不能在早上满潮的短短3小时里将第一波的登陆人员、装备、器材卸下,那么已经登陆的部队就会暴露在仁川另一大特点的泥潭之中,成为刀俎之下任人宰割的鱼肉。

仁川的泥潭,那是几个世纪来潮汐所带来的泥沙淤积而成的,在港湾里形成了长达3.2公里的泥潭,不仅车辆无法通行,连人员行走都相当困难,因此仁川港没有通常临海港口所拥有的沙质或石质的海滩地带。第一波登陆还要孤立无援地坚持13个小时之后,才能得到第二波的支援!

此外,仁川登陆还有一大阻碍,那就是月尾岛。进出仁川港只有一条必经航道,长约90公里,宽约1.8到2公里,水深10.8米到18米,潮水流速却是高达每小时9.5公里的飞鱼航道,航道入口处就是海拔105米的月尾岛。如果不能有效压制月尾岛上的守军,登陆部队就无法安全进出飞鱼航道,而只要有一艘舰船在航道内被击沉,那就将彻底堵塞整个航道!

潮汐落差、泥潭、狭窄航道以及4、5米高的防波堤,都构成了登陆的重重阻碍,以美国海军陆战队的登陆作战教范来看,登陆地点必须具备的十大条件,仁川没有一条符合,简直可以列为最不适合登陆的地点了!这也正是美国最高军事领导层强烈反对在仁川登陆的原因。

朝鲜人民军虽然很早就关注仁川至汉城的防御,并成立了京畿道地区防御委员会和西海岸防御司令部,负责群山以北,仁川、汉城为核心地区的防御,但是在9月上旬朝鲜人民军主力全部投入了对洛东江防线的攻击,在该地区只有少量部队,而且绝大多数还是没有什么战斗力的新组建部队。其具体配置是：仁川地区计有第9师的第87步兵团、第849独立反坦克炮团以及若干海岸炮连和海岸守备队；汉城地区是新组建的第18师（该师也正在准备南下参加洛东江防线的攻击战），金浦机场有第31步兵旅的一个营。整个仁川汉城地区的朝鲜人民军总兵力不超过6000人，此外在铁原（距离汉城以北80公里）驻扎着正在整编训练中的独立第25步兵旅。朝鲜人民军唯一有效的防御措施，是从8月30日晚开始在仁川附近海域布设的水雷。

据朝鲜公开史料称："朝鲜人民军最高司令部识别了敌人的企图，采取一系列的措施，加强仁川至汉城的防御，粉碎敌人的进攻，阻止敌人的登陆。最高司令部指示洛东江基本战线的人民军各联合部队（即师级部队）要占据有利地形，互相保障侧翼，组织顽强防御，以对付敌人的反攻意图。并且对仁川至汉城的防御也倾注了很大注意。最高司令官金日成元帅，自从我军反攻初期就为了加强西海岸特别是仁川至汉城地区，组织了京畿道防御军事委员会，并在这一地区部署了人民军部队和内务省警备部队。但是，当时混进该军事委员会领导地位的李承烨间谍集团不顾党的指示，没有采取加强仁川至汉城的防御措施，并且滥用职权千方百计阻挠动员构筑防御工事所需的物资和劳力。"

文中提及的李承烨是朝鲜共产党火曜会成员，战争爆发前从韩国逃亡到朝鲜，被任命为朝鲜民主主义人民共和国司法部部长，随

登陆艇上的美军士兵

人民军进入汉城，兼任汉城临时委员会委员长，1953年被判间谍罪和叛乱颠覆罪。

但是，李承烨并非军事指挥，对于有关军事方面的防御是没有多大发言权的，他之所以成为京畿道防御军事委员会成员，完全是因为他此时担任着汉城临时委员会委员长的职务。更重要的是，单从军事角度看，此时的朝鲜人民军在仁川至汉城一线的部署，完全不是适宜于抗登陆部署的，虽然采取了诸如在月尾岛上设立海岸炮和敷设水雷等措施，但这是在美军掌握绝对制空权和制海权情况下加强海岸防御的理所当然的、常规而必需的举措。

这一地区朝鲜人民军的部署重心还是准备南下参加对洛东江防线的攻击！

★人民军的大意

如果朝鲜人民军察觉美国仁川登陆企图，只要9月15日这天在仁川部署重兵就可以了，因为整个9月份只有这天的高潮才能实施登陆，挺过了这天就可以将部队从容而放心地调往洛东江。

更简单的办法是在飞鱼航道上沉下一条船，就可将航道堵塞住，从而将美军的一切登陆企图化为泡影！可是，朝鲜人民军什么也没做，从其部署和各种行动来看，洛东江才是其关注的重点，仁川确实是防御的薄弱之处。

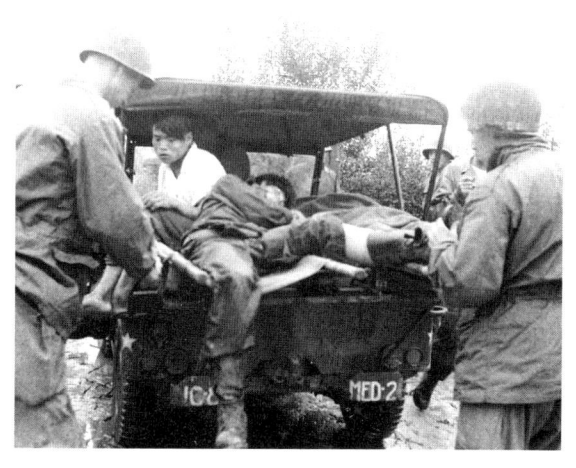

被美军俘虏的朝鲜人民军

第五章
抢滩登陆战

★ 史密斯坚持认为,仁川登陆的困难是在历次登陆作战中前所未有的,潮水、地形之复杂特殊,决定了登陆作战的艰险,只有久经沙场的百战雄兵陆战第5团才能胜任第一波登陆的千钧重担!

★ 6点31分,H连连长伯恩中尉乘坐的登陆艇第一个冲上海滩,比预定时间只晚了一分钟! 15分钟后,第二波登陆部队登陆,9辆坦克开上海滩。

★ 在富平市的军火仓库里,联合国军意外发现了美军在1949年撤退时留给韩国军队的包括炮弹和子弹在内的约2000吨弹药,而且这些弹药现在全部可以使用。对于刚刚登陆补给尚不充裕的联合国军而言,简直是天赐之福!

★ 麦克阿瑟的威望急剧上升。杜鲁门发给他一份电报,电文洋溢着真诚的祝贺。参谋长联席会议承认:"您从防御到反攻的转变,计划周密、时机成熟、实施得力。"

1. 精密的信息战

麦克阿瑟在仁川登陆这场豪赌中最重要的本钱就是美国海军陆战队第1师（简称陆战第1师）。该师最早的前身是组建于1775年的海军陆战队第1连，是美军军队中历史最为悠久的老牌劲旅之一。

陆战第1师经过战后的大裁军，参加过第二次世界大战实战考验的骨干几乎只剩下一半。朝鲜战争爆发后，只好临时以老兵较多的陆战第5团为主成立陆战队暂编第1旅开赴远东，原计划参加仁川登陆，后因釜山地区战况紧张而于8月在釜山登陆，作为第8集团军的预备队，充当了救火队的重任，四处奔忙堵"管涌"，为洛东江防线的稳定立下了汗马功劳。

而此时的陆战第1师虽然距离第二次世界大战结束只有四五年的光阴，却已经是今非昔比，下属的三个团中，陆战第1团刚刚重建，陆战第7团更是还在编组之中，其第3营还是从地中海舰队陆战队中抽调的，正从地中海穿越印度洋赶赴远东途中，只有陆战第5团还勉强算得上是精锐。

因此，陆战第1师师长史密斯坚决要求将陆战第5团作为第一波登陆部队，并要求将陆战第5团归还陆战第1师建制。

朝鲜人民军9月攻势使洛东江防线全线告急的时候，在第8集

准备登陆仁川的美军步兵团士兵

团军里战斗力首屈一指的陆战第 5 团作为机动使用的预备队，不断被派到最紧急的地段，根本无法抽调出来。

在东京的美国远东司令部里为陆战第 5 团的使用展开了激烈的争论。负责仁川登陆的众多高级将领——远东海军总司令特纳·乔埃、海军第 7 舰队司令阿瑟·斯特鲁布尔、海军两栖特遣部队司令杜伊尔一致认为，没有陆战第 5 团，仁川登陆简直不可想象！

史密斯师长更是强烈要求陆战第 5 团归建。他不但依照正常程序向上司第 10 军军长阿尔蒙德再次提出要求，还向第 8 集团军司令沃克直接发电要求归还陆战第 5 团。

沃克在巨大压力下只好向阿尔蒙德诉苦，如果从洛东江前线抽出陆战第5团，釜山防御圈的稳定就无法保障了。

阿尔蒙德还有些全局观念，深知釜山防御圈不保，仁川登陆也就失去了意义，便提出折中方案，以陆战第1团为第一波登陆部队，以陆军第7步兵师的第32团为第二登陆波。

但史密斯坚持认为，仁川登陆的困难是在历次登陆作战中前所未有的，潮水、地形之复杂特殊，决定了登陆作战的艰险，只有久经沙场的百战雄兵陆战第5团才能胜任第一波登陆的千钧重担。史密斯甚至明确表示，没有陆战第5团，陆战第1师就不去仁川。

阿尔蒙德将有关陆战第5团使用方向之争向麦克阿瑟做了详细汇报。麦克阿瑟权衡再三之后决定将陆战第5团归还陆战第1师建制，投入仁川登陆作战。

计划一定，自然也就立即付诸实施了。

尽管美军在1945年至1949年驻扎韩国期间，仁川就曾是他们的主要补给港口之一，但等到此时第10军开始需要搜集有关资料时，却发现竟然没有一丝一毫的有用资料。

为了精确掌握陡峭海岸的确切高度，美军派出了侦察机在特定时间进行航空拍摄，然后由航空图片分析专家参照其他途径获取的资料进行计算，得出了海岸高度约为5.3米的结论——登陆后实地测量的数据与之相差仅有10厘米。

对于月尾岛和飞鱼航道，航空侦察是远远不够的。美军派出了克拉克前去进行实地侦察。

克拉克是经历整个太平洋战争的老兵,从普通士兵一直晋升到船长,对于登陆地点判断和航海要素的分析都非常有经验,更难得他还会点日本话(朝鲜经历了几十年的日本殖民统治,很多人都会日语)。他先到大邱,从第8集团军司令部借调了2名韩国人作为助手,随后立即飞到日本佐世保,向海军司令部报到。

克拉克一行先乘英国海军"博爱"号驱逐舰到达仁川西南海域,再换乘韩国海军巡逻艇进入仁川港外唯一没有朝鲜人民军驻扎的小岛——灵兴岛。

克拉克发动组织岛上的渔民,用带来的武器组建了一支小规模的武装力量,指导他们开始对仁川海域进行侦察。这支仓促建立的小部队不仅详细报告了月尾岛的防御、仁川的潮汐以及泥潭情况,还击退了朝鲜人民军的进攻,最后奉命于9月14日午夜24点点燃了飞鱼航道上的八尾岛灯塔。

正因为克拉克出色完成了这项艰巨的侦察任务,从而获得了海军优异服役十字勋章。

美军在积极开展侦察的同时,也进行了一系列的战略欺骗和佯动:

从9月初开始,美军战术空军第5航空队对群山周围50公里以内的公路、桥梁和铁路进行了猛烈轰炸;12日,由美军上校路易斯指挥的美英联军特别袭击部队在军舰炮火掩护下于群山登陆,但很快撤回；13日，美军飞机又向群山散发了大量传单，声称美国军队将要在群山登陆，要求居民迅速转移到安全地区；从釜山防御圈里抽调出准备参加仁川登陆的第5陆战团在集结期间故意向部队介绍群山地区地形特点。这些措施的牵制作用非常明显——朝鲜人民军向群山增派了部队，并加固了防御设施。同时，美军"密苏里"号战列舰、1艘巡洋舰和3艘驱逐舰对东海岸的三涉地区进行了猛烈炮击，并实施了无线电佯动。

另外，美军的航空母舰和巡洋舰也对平壤外港进行了轰击。

华盛顿的新闻媒体也成为联合国军战略欺骗的工具，军方故意向媒体透露消息，使各大主要媒体如报纸、杂志和广播对朝鲜战局进行了一系列的报道。这些报道表明联合国军将在10月以后进行战略反攻，反攻将是由在朝鲜后方的仁川登陆开始。

美军在制造散布这些假消息时是经过深思熟虑的，时间上刻意突出10月而隐瞒了真正的进攻时间。这些真真假假的消息，也汇集成信息战的雏形。

上述活动严重分散了朝鲜人民军的注意，有效掩护了联合国军对仁川地区的预先火力准备行动。

联合国军在仁川登陆中的航空兵主力是美国海军第77特混舰队的舰载机，共有318架各型作战飞机。9月初，联合国军开始进行仁川登陆的预先航空火力准备，从停泊在朝鲜海域的美军航空母舰上起飞的舰载机对以仁川为中心半径50公里以内的公路、桥梁、隧道和火车调车场等交通要隘进行了猛烈轰炸。

接着，美军开始对仁川附近的铁路线进行系统轰炸，每天出动一个 B-29 轰炸机联队对元山至汉城和平壤至汉城两条主要铁路线上的车站进行轰炸，同时以两个轰炸机联队的兵力规模对铁路线进行轰炸，成功炸毁了 46 处规定目标。到登陆发起前一天，朝鲜通往汉城仁川地区的铁路线已被全部切断。

被美军轰炸过后的铁路沿线一片狼藉

9月13日，麦克阿瑟和海军陆战队司令谢费尔德海军一起从东京飞往佐世保，准备登上"麦金莱山"号巡洋舰随同登陆舰队出征。就在机场上，一场小雨刚停，太阳从乌云中喷薄而出，空中赫然出现一道美丽彩虹！麦克阿瑟兴奋地对谢费尔德说："那是我的彩虹！我在第一次世界大战中指挥过著名的'彩虹师'，这是我的吉兆，仁川登陆一定会成功！"

位于飞鱼航道中的月尾岛，面积只有0.6平方公里，不仅有600米长的海堤与仁川港直接相连，而且地势高（最高点海拔105米）能俯瞰整个飞鱼航道和仁川港湾，它是影响登陆成败的关键。美军在登陆前对该岛进行了舰炮火力预先准备。

炮击月尾岛有不小困难，尤其是飞鱼航道非常狭窄，战列舰和巡洋舰这样的大型军舰无法进行抵近射击，所以只能由火炮威力并不很强的驱逐舰来承担，而且要想取得理想的炮击效果，驱逐舰的炮击阵位必须在敌海岸炮的有效射程内。

从9月中旬起，从航空母舰上起飞的战斗机中队连续3天对月尾岛进行了凝固汽油弹轰炸，以便烧去朝鲜人民军防御阵地的伪装，结果大火在岛上整整燃烧了3天，将岛上90%的建筑都烧毁了。

9月13日，美军第9驱逐舰队的6艘驱逐舰、2艘重巡洋舰和英军2艘轻巡洋舰也组成以各舰距离630米的单纵列队形驶入飞鱼航道，空中由4架F4U舰载机进行空中掩护。军舰上的无线电监听到了朝鲜人民军的无线电通讯："敌人舰队正在向仁川前进，海岸炮

第五章 抢滩登陆战

美国航空母舰上的舰载机

人员就位！"

几乎同时，东京的联合国军司令部情报机关截获并破译了朝鲜人民军前线司令部发给平壤最高司令部的密电："10艘敌舰正向仁川接近，连日来多架飞机对月尾岛进行轰炸，敌人的登陆企图已极其明显。已命令所有部队准备战斗，各部队要死守阵地，阻止和粉碎敌人的登陆企图！"

11点45分，航行在最前面的"曼斯菲尔德"号驱逐舰发现航道前方有水雷。美军真是幸运，炮击舰队在退潮时进入飞鱼航道，

美军驱逐舰对月尾岛实施炮击

12枚黑乎乎的水雷就躺在航道的泥潭上，如果炮击舰队在满潮时进入航道必将遭到水雷的暗算。

可惜由于潮水上涨很快，只来得及爆破4枚，潮水就淹没了其他还未处理的水雷，希金斯留下1艘驱逐舰监视和处理剩下的水雷，其余舰艇继续向月尾岛前进。

12点，2艘重巡洋舰和2艘轻巡洋舰由于吃水所限，无法继续深入，但6艘驱逐舰相继到达预定炮击阵位，最近的"加尔凯"号驱逐舰距离月尾岛只有720米！12点55分，比预定计划提前5分钟，"戴哈本"号驱逐舰突然擅自开始射击——原来该舰发现朝鲜人民军一门大炮正在进入炮位，便果断开始射击。接着，各舰分别开始射击。此时正是低潮，之所以选择低潮时进行炮击是因为高潮时军舰主炮由于俯仰角度关系无法对水面目标进行有效炮击。

几分钟后，朝鲜人民军的75毫米海岸炮开始还击，"科利特"号驱逐舰首当其冲，由于人民军是大口径炮的缘故，造成了一个直径达66厘米的大破口，军舰开始进水……短短几分钟里，"科利特"号驱逐舰已经连中9发，被迫撤出战斗。

战至下午，鉴于朝鲜人民军炮火相当猛烈，美军其他5艘驱逐舰也相继撤出射击位置。停泊在远处的4艘巡洋舰开火，整整进行了一个半小时的炮火轰击。接着，美军舰载机又对岛上目标进行了轰炸。最后巡洋舰再进行半小时炮击，直到16点40分，才结束了第一天的火力准备。

在第一天的预先火力准备中，美军有多艘驱逐舰被朝鲜人民军海岸炮击伤，1人阵亡，8人受伤。朝鲜人民军发表战报，称击沉3艘敌军驱逐舰、4艘登陆艇、3只舢板，击伤敌3艘舰艇。

9月14日，炮击舰队再度驶入飞鱼航道，剩余的水雷交由昨天受伤的"科利特"号驱逐舰处理，其余舰艇则继续前进，直到昨天相同的位置。此次炮战后，整个小岛上烈焰翻腾，几乎再也看不到任何绿色的植被。而朝鲜人民军的海岸炮却没有像昨天那

美军士兵抢救伤员

样猛烈还击，只有零星的射击，因此参加第二天炮击的军舰没有遭到损伤。

★**美国海军陆战队第 1 师**

第 1 陆战团成立于 1846 年，是海军陆战队中第一个陆战团，曾参加过侵略中国的八国联军以及美国历次的海外战争——19 世纪 80 年代入侵墨西哥、1898 年美西战争、1906 年侵略古巴、1914 年入侵墨西哥和 1915 年入侵海地等。

第 5 陆战团和第 7 陆战团分别成立于 1914 年和 1917 年。其中，第 5 陆战团在第一次世界大战中曾因战功显赫而获得法国政府嘉奖。

1941 年 2 月，就是以第 1 陆战团、第 5 陆战团、第 7 陆战团为基础在美国北卡罗来纳州的勒热那基地组建了陆战第 1 师，该师在第二次世界大战的太平洋战场上表现尤其出色。1942 年的瓜达尔卡纳尔岛战役中，陆战第 1 师因其辉煌战绩与顽强斗志在美军中第一个荣获以总统名义颁发的"优异部队"奖，并因此在师徽上永远留下了"GUADALCANAL"（瓜达尔卡纳尔）的字样。随后，该师又先后参加新不列颠岛、帛硫群岛和冲绳岛登陆作战，成为美军在太平洋战场上的王牌之师。

2. 抢滩月尾岛

根据详细计划，第5陆战团第3营应在9月15日早上趁高潮时登上月尾岛。美军希望该营迅速拿下该岛，因为登陆后正处于退潮，直到下午援军才会到来。

在下一次高潮时，大约17点30分，第5陆战团的余部将在"红滩"登陆——那里坚固的灰石防浪堤高4.6米，正好保护着城中心，战士们要夺取距海岸900米的瞭望台山和公墓山。

另外，第1陆战团攻击蓝滩——那是一片半开阔的泥滩区，位于仁川城南部边沿地带，也是由防浪堤保护着。派第1陆战团在蓝滩冲过泥滩的主要好处是，汉城和仁川之间的铁路和公路干线距海岸仅1.6公里，迅速攻占这些地方便可以截断敌人逃跑和增援的通道。

红滩和蓝滩一样，在第二天早上高潮到来以前，都与增援部队隔离开来。与此同时，登陆舰艇也几乎会陷在泥中。因此，在海军的大炮和飞机完全把朝鲜的援军与战场阻断的时候，陆战团必须取得战术上的胜利。

占领滩头阵地后，下一个目标是位于仁川东北、地面距离26公里的金浦机场。按照计划，拿下机场后，部队将渡过汉江，直

满载士兵的美军登陆艇

驱汉城。麦克阿瑟想尽快达到这两个目的。金浦机场至关重要，因为这里有1830米长的跑道，可以起降重型飞机，这将大大增加对汉城的空中打击力度；更为重要的是，这里将用做粉碎朝鲜军队补给线的基地。当然，占领汉城，将会切断朝鲜军队在南方的主要补给线。

9月15日凌晨时分，仁川登陆终于开始了！

午夜0点整，克拉克按时点亮了飞鱼航道八尾岛上的灯塔，为登陆舰队指明了方向。仁川进攻成功的关键是压制住只有305米宽的月尾岛。这个小岛紧靠仁川,上面很深的堑壕里埋伏着高速火炮。

由19艘舰艇组成的登陆舰队排成单纵队以3.5节的时速缓缓驶入飞鱼航道。登陆舰队的航行队形依次是:"曼斯菲尔德"号驱逐舰、"戴哈本"号驱逐舰、"斯温松"号驱逐舰3艘驱逐舰为前锋,"APD123戴尔琴克"号、"LSD22马利思普"号、"ADD124霍雷斯·A·巴斯"号3艘快速运输舰紧随其后,"LSMR401"号、"LSMR403"号、"LSMR404"号3艘火箭支援艇伴随支援,"纳扎

美军舰炮向月尾岛射击

朗德"号驱逐舰、"加尔凯"号驱逐舰、"亨德森"号驱逐舰3艘驱逐舰居中护卫,"托列多"号巡洋舰、"罗彻斯特"号巡洋舰、"肯尼亚"号巡洋舰、"牙买加"号巡洋舰4艘巡洋舰殿后掩护,两艘已受伤的"科利特"号驱逐舰和"马特科"号拖船在最后跟进。运输舰和登陆舰上运载着计划在月尾岛登陆的海军陆战队第1师第5团第3营和第1陆战坦克营A连的两个排(9辆"M26潘兴"式坦克)。

凌晨5点,舰队到达指定位置。同一时间,8架F4U舰载机准时飞临月尾岛上空,对岛上目标进行轰炸。朝鲜人民军意识到登陆即将开始,此前从未开过炮的仁川地区纵深海岸炮突然开火。联合国军的舰载机和舰炮立即对其进行压制轰击。登陆舰队为避免纵深海岸炮的轰击,驶到了月尾岛以北800米海域。

5点15分,以"托列多"号重巡洋舰203毫米主炮齐射为信号,全舰队开始了登陆前的直接火力准备,同时又有10架F4U舰载机飞来,对预定登陆海滩进行轰炸和低空扫射。半小时后,登陆部队开始换乘,17艘人员登陆艇(LCVP)和3艘登陆支援艇(LSU,各运载3辆坦克)开始向月尾岛进发。

接着,3艘火箭炮艇驶向月尾岛,开始火箭炮的弹幕射击,这些火箭炮艇上各装有10门火箭炮,火力非常猛烈,在极短的时间内就向月尾岛倾泻了4400发火箭弹。在飞机、舰炮、火箭炮的凶猛火力下,月尾岛被淹没在一片浓烟中。

在惊天动地的炮声中，运载着第一波登陆部队人员的8艘登陆艇驶过距离月尾岛海岸1600米的出发线，驶向登陆地点。

6点28分，第一波人员登陆艇冲击到距离海岸50米时，舰炮停止射击，而舰载机则低空掠过海滩，用机枪对滩头上的目标进行扫射。6点31分，H连连长伯恩乘坐的登陆艇第一个冲上海滩，比预定时间只晚了一分钟！15分钟后，第二波登陆部队登陆，9辆坦克开上海滩（其中3辆是喷火坦克，另有3辆装有推土铲）。

月尾岛上的朝鲜人民军是1个装备5门75毫米海岸炮的海岸炮中队和1个岸防步兵中队，在两天猛烈炮火轰击下已经失去了有组织的抵抗。但是，孤立分布在各个阵地上的朝鲜人民军依然依托残破的工事和岛上天然的洞穴进行着顽强的抵抗。美军步兵难以肃清，只好将坦克开上去，或者用推土铲堵塞洞口，或者用喷火坦克对洞内喷射烈焰。

朝鲜人民军简单的武器装备显然抵御不了美军疯狂的轰炸。8点，美军一个班在3辆坦克和8架舰载机的支援下向月尾岛推进，经过短暂战斗后便占领了该岛。第5陆战团第3营营长塔普雷德向麦克阿瑟报告："完全占领月尾岛！"麦克阿瑟立即下令将此报告通报全舰队，并特别要求在通报的最后加上："这是海军和陆战队无上光荣的一天！"当然，这也是麦克阿瑟无上光荣的一天！

美军控制月尾岛后，工兵第2旅就立即开始在岛上用浮筒建造临时码头，以便能向岛上运送重武器和装备，使后续部队能通过

第五章 抢滩登陆战

美军海葬阵亡海军士兵仪式现场

600米海堤突入仁川港。

朝鲜人民军在月尾岛上的守军是独立第22团陆战团第3营的一个连和第918野战炮兵团的一个炮连，总共约400人，在战斗中有200多人阵亡，其中100多人是被坦克活埋或烧死在洞穴中，另有136人被俘。美军登陆部队只伤亡17人。

月尾岛上的战斗结束后不久，仁川港独特的潮水开始退潮了，受吃水限制，登陆舰队只好退到外海，只有第5陆战团第3营被孤零零地留在月尾岛上。

一股不安、担忧与焦虑的情绪开始在联合国军中蔓延，因为现在朝鲜人民军已经清楚了联合国军仁川登陆的企图，而在黄昏涨潮之前，联合国军除了空中的轰炸外，能做的只有等待，谁也不知道这漫长的10个小时中朝鲜人民军会有什么反应。

每时每刻，联合国军始终在仁川上空保持了20架飞机的密度，

美国海军陆战队登陆

其中 8 架用于对登陆滩头的直接空中支援,另有 8 架甚至更多的飞机负责对仁川周围交通线进行阻滞轰炸,以孤立仁川地区。

当天总共出动飞机超过 300 架次,对以仁川为中心半径 40 公里范围内的任何可疑目标进行攻击,并随时召唤后备航空兵力和舰炮火力。而登陆舰队中的战列舰、巡洋舰几乎不间断地以大口径主炮对通往仁川的所有道路进行轰击。

当联合国军在月尾岛登陆后,朝鲜人民军立即将在汉城的第 18 师第 22 团迅速调往仁川增援,但是第 22 团的增援被联合国军猛烈的空中打击所彻底阻止,部队白天根本无法在道路上运动!联合国军正是依靠着强大的海空优势,断绝了仁川的一切支援,平安地度过了早晨与黄昏两次高潮之间的最危险期。

到了 15 点 30 分,第 1 陆战团和第 5 陆战团的进攻部队跨过运输船,上了登陆艇。海军军舰对登陆区域和登陆区域后面又进行了地毯式炮击。然后,火箭发射舰开到红滩和蓝滩近旁,朝着登陆区域发射了 2000 发火箭弹。16 点 45 分,登陆艇越过出发线,部队先在距离海岸 1380 米的集合地区编队,然后驶向仁川海岸。

经过了 45 分钟轰炸后,17 点 30 分左右,第一登陆波就靠岸了!

在第 5 陆战团登陆的红滩位于整个登陆区域最左翼的第 1 营 A 连,士兵们利用梯子、绳索甚至人梯攀登上三四米高的陡峭海岸。

登陆部队刚冲上海岸,隐蔽在工事里的朝鲜人民军就冲了出来,与第 3 排展开了激烈的白刃战。3 排长洛佩兹身先士卒冲在最

堑壕里的美军士兵

前面。他跳进朝鲜人民军的堑壕,先向左面扔出手榴弹。正要向右面扔出手榴弹时,一梭机枪子弹射穿了他的肩部和右胸,已经拔去了保险栓的手榴弹落到地上,嘶嘶地冒着白烟。他大声叫道:"快闪开!手榴弹!"

但是,狭窄的堑壕里挤满了士兵,身边又有横飞的子弹,哪里躲得开?洛佩兹一下子扑在手榴弹上,用自己的身躯掩护了周围的战友。第3排在排长的壮举感召下奋勇苦战,终于突破了朝鲜人民军的防御,但是却因伤亡惨重,已无力向该连最重要的主攻目标墓地高地突击了。

第 2 排就幸运得多。他们是从海堤上被炮弹炸开的缺口里冲上海岸的，因此能从朝鲜人民军意想不到的地方发起攻击，隐蔽在工事里的人民军来不及进入阵地就被解决了。接着，他们从墓地高地的死角几乎没有遭到任何抵抗就轻而易举地占领了该排的目标——朝日啤酒厂。

A 连连长史蒂文森见状，立即命令第 2 排转向攻击墓地高地，2 排掉头从东南方向发起攻击，高地上的朝鲜人民军正在应付 3 排的攻击，不曾想到 2 排会从侧后杀来，没有任何应急措施，在两面夹击下只有投降。17 点 52 分，第一波登陆最重要的目标，墓地高地被联合国军占领。A 连以 8 人阵亡，28 人负伤的代价完成了规定的任务。

红滩右翼的第 2 营 E 连突破朝鲜人民军海岸防御后，迅速向纵深推进，于 18 点 11 分夺取了游览山西侧高地，但是连长杰斯基尔卡派出的联络组却未能与左翼的 D 连取得联系。杰斯基尔卡担心 D 连行动迟缓延误战机，果断命令预备队排攻击游览山中部高地，经过 25 分钟的战斗夺取了中部高地。

D 连在登陆时遭到自己方军舰的误击，1 人死亡 23 人受伤，整个连队队形被彻底打乱，因此没能组织有效进攻，好在 E 连的主动精神，才保障了该营任务的完成。营长罗伊斯迅速投入第二梯队 F 连，终于抢在朝鲜人民军破坏码头之前，比较完整地夺取了码头。

至 22 点，在红滩登陆的第 5 陆战团已顺利到达团的登陆当日目标线，夺取了全部预定目标，伤亡也比预计的小得多。

在蓝滩登陆的是第1陆战团，于17点32分顺利到达预定登陆点，比红滩还早了一分钟，登陆点最大的敌人不是朝鲜人民军而是5米高的护岸石堤和黑夜，第一登陆波里的工兵排迅速采取措施，或是进行爆破或是布置梯子，开辟攀登通道。尽管朝鲜人民军在蓝滩的防御非常薄弱，抵抗也很微弱，但是攀登陡峭的石堤太费时间，等到部队通过石堤，夜已深了，而且当晚夜色特别黑，几乎是伸手不见五指。美军只好派出驱逐舰用直径600毫米的巨大探照灯照射登陆地点为部队照明。

不久，美军发现一支朝鲜人民军的小型坦克分队正向蓝滩疾

抢滩成功后集结在海滩上的美军士兵

驶。鉴于登陆部队只携带89毫米反坦克火箭筒，其反坦克能力比较脆弱的情况，第1陆战团立即召唤舰炮火力。"加尔凯"号驱逐舰迅速抵近海滩，以127毫米主炮进行急射，其射击速度是该舰从未有过的，射击产生的火光将整艘军舰都染成橘红色。朝鲜人民军坦克被急促猛烈的炮火完全覆盖。

第1陆战团克服了朝鲜人民军零星抵抗后，于次日凌晨1点推进到汉城至仁川公路，顺利达成团登陆当日的目标任务，伤亡还不到50人。

★麦克阿瑟的担心

登陆战打响时，麦克阿瑟才真正意识到，仁川登陆作战的成败将影响他一生军事生涯的声誉。他已经到了退休的年龄，最后一战如果以失败告终，对于一名职业军人来讲，将是莫大的遗憾，甚至是耻辱。他在"麦金莱山"号旗舰上尽量地克制着自己。在他身边是他特意邀请来的记者们，麦克阿瑟在向他们发出的请柬上写道：请参观一次小小的战斗。记者们来到破浪前进的战舰上，不失时机地向麦克阿瑟问到了"中国是

在"麦金莱山"号旗舰上的麦克阿瑟

否干涉"的问题,麦克阿瑟的回答是:"那样的话,我们的空军就会使鸭绿江史无前例地血流成河!"

3. 全力加强补给

美军登陆后,根据计划必须立即运到 3000 吨补给物资,以保证作战所需,由于仁川港独特的潮水,根本无法在退潮前实现这一目标,因此联合国军决定采取非常手段,将满载补给品的坦克登陆舰强行靠上红滩海岸,并一直停留到次日的高潮。

坦克登陆舰简直就如同搁浅那样停在海滩上,虽然陆战队保证登陆舰不会被朝鲜人民军夺去,但是就在仁川港的鼻子底下,朝鲜人民军炮火是无论如何也躲不过去的,登陆舰遭到损失的情况是在意料之中,甚至很可能被全部击毁。所以美军特意选择了 8 艘最老最旧的登陆舰来执行这一艰巨任务。

18 点 30 分,坦克登陆舰开始靠岸,第一艘、第二艘都很顺利。第三艘 972 号登陆舰刚开始靠岸,朝鲜人民军的迫击炮就呼啸而至,一发炮弹正中堆积在登陆舰首部的汽油桶,燃烧的汽油从破损的油桶里流出,四下蔓延,附近就是堆积如山的弹药,情况异常紧急,好在舰上人员表现出色,迅速扑灭了大火。

紧接着的第四艘也被炮火击中,万幸的是损失很小。而最后一艘 799 号登陆舰驶近海滩时，天色已经黑了，突然遭到朝鲜人民军猛烈的迫击炮和机枪扫射，2 死 2 伤，登陆舰上晕头转向的士兵竟把岸上正在登陆的部队当作是来袭的敌人，炮手操起 20 毫米、40 毫米机关炮就是一通猛扫，等到停止射击，已经给第 5 陆战团第 2 营 D 连造成了 1 人死亡 23 人受伤的重大损失，并彻底瓦解了该连登陆后的作战行动。

一番混乱后，799 号登陆舰终于没能在高潮退去前靠上岸，结果搁浅在海滩上，好在 799 号登陆舰上的推土机开上岸，不仅给其他登陆舰建起了临时靠岸卸载点，还填埋了岸上朝鲜人民军的不少战壕，倒是起了不小作用。

运输的物资一到，海军陆战队完成了登陆日的所有任务，全部代价是阵亡 20 人，失踪 1 人，负伤 179 人，远远小于预先估计。截至 9 月 16 日凌晨，联合国军共登陆 1.8 万人，建立起牢固的滩头阵地。

9 月 16 日一早，第 5 陆战团团长默里就命第 2 营 E 连向南推进，与蓝滩登陆的第 1 陆战团打通联系，E 连一直进入到仁川北郊，发现市区已没有朝鲜人民军——原来昨夜朝鲜人民军已经撤离仁川。

默里中校随即将肃清仁川市区零星抵抗的任务交给作为第二梯队登陆的韩国陆战团，集中美军部队向纵深推进。

从航空母舰上起飞的美军 8 架 F4U 舰载机，6 时过后发现仁川以东 5 公里的汉城至仁川公路上，朝鲜人民军一支包括 6 辆 T-34

坦克在内的纵队正在向仁川进发，舰载机立即俯冲攻击，炸毁了其中的3辆，朝鲜人民军也用各种轻重武器还击，击落1架舰载机。

得到情况报告后，美军又派出第二批8架舰载机前来增援，对朝鲜人民军行军纵队进行了反复的攻击，将其余3辆坦克全部击毁，并给予随行的步兵重大杀伤。

就在空中攻击的同时，第1陆战团也以"M26潘兴"式坦克为先导向仁川以东挺进。9点时，第1陆战团接近F4U舰载机轰炸过的朝鲜人民军队列所在地区，朝鲜人民军一辆坦克被飞机炸毁。但是，坦克炮完好的T-34突然开火，炮弹准确命中美军第一辆"M26潘兴"式坦克。由于距离太远，炮弹无力击穿"M26潘兴"式坦克。

"M26潘兴"式坦克立即开炮还击，并对其他正在起火燃烧的坦克逐一进行射击，以免再有受伤坦克突然开火的情况发生。如果朝鲜人民军坦克手再多点耐心，等"M26潘兴"式坦克再靠近些开火，必可将其击毁。

朝鲜人民军虽然主动撤出了仁川市区，但是在郊外仍进行了顽强的抵抗，第1陆战团和第5陆战团都经过激烈的战斗，至日落前才推进了约10公里，并将两个团的登陆滩头连成了一片。

第10军军长阿尔蒙德命令陆战第1师继续向纵深推进，第5陆战团应迅速攻占滩头阵地以北10公里的金浦机场，然后渡过汉江从西面进攻汉城；第1陆战团沿汉城至仁川公里向东，占领铁路公路枢纽永登浦,再从南面进攻汉城。

陆战第1师师长史密斯认为,目前陆战第1师登陆的部队只有两个团,第7陆战团还未登陆,师里已经没有掌握的预备兵力,再分兵两路,每路兵力过于单薄有被各个击破的危险,建议集中两个团先攻占金浦机场再从西面进攻汉城。

但阿尔蒙德根据麦克阿瑟的指示,表示只有在宽大正面全线推进,向朝鲜人民军不断施加压力,才能扩大奇袭仁川的成果,而且永登浦是朝鲜人民军洛东江部队补给的大动脉——汉城至釜山铁路公路的枢纽,必须尽快占领,因此驳回了史密斯的建议。

9月17日凌晨5点50分,朝鲜人民军2架苏制雅克战斗机突然向仁川港外的联合国军舰队发起空袭。一号机向美军"罗彻斯特"号重巡洋舰俯冲,投下了4枚炸弹,其中1枚击中军舰后部的舰载机吊车,但是没有爆炸。

二号机投下的炸弹,就落在左舷附近,几乎紧贴着军舰的近弹造成了一些人员伤亡和舰体损伤。联合国军从上到下根本没有想到朝鲜人民军竟然敢于挑战美国的绝对制空权,派出飞机进行空袭,所以心理上和物质上都没有任何准备,面对朝鲜人民军飞机的突然攻击,都只有瞠目结舌,而没有任何的反击!

当这2架战机完成攻击拉起飞机,再向英军"牙买加"号巡洋舰俯冲时,终于醒悟过来的高射炮开火了,才将其击落。虽然这只是整个仁川登陆中人民军唯一的一次空袭,其战果也是相当有限,但是却给联合国军以巨大的心理震撼。

几乎就在朝鲜人民军空袭的同时，岸上担任警戒的第5陆战团D连哨兵发现晨雾中一支约有250人的朝鲜人民军部队，在6辆T-34坦克引导下正在逼近，哨兵立即发出警报。D连和配属的"M26潘兴"式坦克排迅疾展开，在朝鲜人民军来袭的公路上设下了火力陷阱。

当朝鲜人民军行军纵队接近到阵地前约70米处时，反坦克火箭筒首先开火，准确命中了朝鲜人民军第一辆坦克，接着"M26潘兴"式坦克、75毫米无后坐力炮、轻重机枪和步枪都先后开火。短短5分钟，这支人民军就遭到了毁灭性打击——6辆坦克全被击毁，公路上横七竖八地留下约200具尸体，少数幸存者被俘。根据俘虏说，他们属于朝鲜人民军第18师第22团第2营，奉命前去金浦机场阻击美军，并掩护师主力到达。

天大亮后，第5陆战团即根据计划向金浦机场推进。

18点时，第5陆战团一路克服朝鲜人民军的轻微迟滞，到达金浦机场南侧，发现机场上朝鲜人民军守备部队全然没有进入状态，不仅没有构筑防御工事，甚至连破坏机场设施的准备都没有。第5陆战团的先头部队第2营立即发起攻击，并打破美军不进行夜战的惯例，从黄昏一直打到半夜，最终完全占领了机场。

第1陆战团就没有第5陆战团那么幸运。朝鲜人民军第18师第22团主力已经到达作战地域，他们在第1陆战团的进攻正面利用素砂高地一带起伏的丘陵展开了防御。由于这一带地形相当复杂，朝鲜人民军很善于利用地形构筑阵地组织火力，又有坦克支援，所以第1陆战团的进展非常缓慢，在日落之前，才推进了约2000米，因天色将黑，便转入了防御。第1陆战团为了防备朝鲜人民军坦克的夜袭，在阵地前沿埋设了反坦克地雷，以反坦克火箭筒和75毫米无后坐力炮组成绵密火力网，5辆"M26潘兴"式坦克并列部署在阵地后方500米的高地下，炮口全部指向朝鲜人民军方向，步兵则呈环形防御态势部署在上述火器与重装备的两翼与后方。

当天，麦克阿瑟以及美国7舰队司令斯特鲁布尔、第10军军长阿尔蒙德、联合国军作战部长莱特等高级将领上岸，在史密斯的师部听取了情况汇报，并视察前线。

当他们一行来到第5陆战团D连时，战斗才刚刚结束十多分钟，T-34坦克还在燃烧，战死者的尸体尚有余温。征尘未洗的士兵看到叼着玉米芯烟斗的麦克阿瑟，不禁大为惊讶。在普通士兵心目中，麦克阿瑟简直已经成为军神，特别是仁川登陆的巨大胜利更使麦克阿瑟的威望达到顶峰，此时能在前线见到麦克阿瑟，实在令人

战火后的残垣断壁

吃惊。麦克阿瑟对于部队的表现深感满意，对陆战队的英勇大加赞赏。

17日，陆战第1师已形成了正面宽16公里，北起金浦机场经素砂高地南至海滩的战线。特别是美军在17日攻占了富平市，这更是一个意想不到的收获。

富平市是当初太平洋战争结束后美军进驻朝鲜时作为补给基地而建的，美军于1949年撤走后就移交给韩国军队使用，直到1950年7月被朝鲜人民军攻占。在富平市的军火仓库里，联合国军意外发现了美军在1949年撤退时留给韩国军队的包括炮弹和子弹在内的约2000吨弹药！而且这些弹药现在全部可以使用，这对于刚刚登陆补给尚不充裕的联合国军而言，简直是天赐之福。

18日拂晓开始，朝鲜人民军不断以一两百人的小部队向金浦机场发动反击，但是朝鲜人民军反击部队人数又少，又没有重武器支援，根本无法从有坦克支援的第5陆战团手里夺回机场，只能是徒增伤亡。

朝鲜人民军没有对金浦机场进行破坏，实在令人费解，因为朝鲜人民军空中力量非常薄弱，对机场使用需求本来就很小，而机场距离登陆部队又近，一旦机场落入联合国军手里，将大大增加联合国军的空中力量。

金浦机场跑道长2000米，宽50米，可以起降大型飞机，是韩国最重要的机场。对于联合国军来说，完整地得到金浦机场不仅可

登陆仁川后迅速集结的美军

以大大提高补给效率，而且作为前线机场可以发挥巨大作用。

18日14点20分，美军的一架F4U在金浦机场进行着陆试验，取得成功后美国海军陆战队司令谢费尔德乘坐飞机到达。接着，一直在日本待机的美国第33海军陆战队航空兵团进驻金浦机场，从釜山立川起飞的C-54运输机也满载着补给物资一架接一架地在金浦机场降落。

就在这一天，后续部队美军第7步兵师开始登陆，首先是第32团，该团总兵力有5114人，其中韩国人1873人。阿尔蒙德还调整了部署，将负责仁川市区肃清残敌和警卫任务的韩国陆战团调往第5陆战团左翼，由美军第2特别工兵旅接替该团在仁川的防务。

截至18日晚，联合国军已登上陆地的部队达25600人，车辆4547辆，各种物资14166吨。

19日，第5陆战团在海军舰炮的支援下，继续向纵深挺进，扩展战果。其第1营扫荡了汉江南岸后夺取了俯瞰永登浦的118、85和80高地。第3营从金浦机场北上，肃清了汉江南岸的朝鲜人民军残部，占领了杏州渡口，完成了渡江作战的准备。

在刚上陆的第32团的掩护下，第1陆战团全力向永登浦攻击前进，朝鲜人民军在沿路埋设了大量地雷，为步兵开道的两辆"M26潘兴"式坦克先后触雷，堵塞了道路。团长布莱尔派出工兵排雷开路，但在朝鲜人民军火力拦阻下，排雷进展缓慢，因此第1陆战团前进迟缓，黄昏前后才到达永登浦以南的安荞川。

19日，联合国军还得到两个有力支援：美军第7步兵师的第31团也登陆了，原来前往东海岸遂行佯动的"密苏里"号战列舰也结束使命，赶到仁川海岸，其406毫米主炮的威力巨大，将为登陆部队提供可靠的火力支援。

★牛气团长刘易斯

1950年9月16日，仁川登陆的第二天，麦克阿瑟登上仁川海岸。这位将军在记者们的照相机前得意扬扬。在布满烧毁的坦克和士兵尸体的阵地上，他自己又导演了一出小小的戏剧，麦克阿瑟的第一句台词是："我想寻找一个叫刘易斯·普勒的上校，是一个陆战队的团长。我想亲自为这位团长授一枚勋章。"

正在进攻一个山头的刘易斯接到通知后，这位麦克阿瑟的崇拜者对前来请他去接受勋章的军官说："我没工夫！如果他打算授勋，就让他来这里好了！"

麦克阿瑟不但没有因为这个团长的傲慢发怒，相反对他如此配合自己的表演十分欣赏。麦克阿瑟立即乘吉普车向枪声不断的方向前进，不管部下如何劝阻他都不听。直到在一个炮声呼啸的草棚子里，麦克阿瑟见到了满身硝烟的刘易斯。"他们愉快地互相敬礼"。记者们高兴得发疯了，因为世上没有比这更能激起读者兴趣的英雄故事了。

4. 攻占汉城

得到仁川后，美军步步逼向汉城。麦克阿瑟对阿尔蒙德预言说，登陆后5天，第10军就会拿下汉城。阿尔蒙德反驳道："5天我做不到，但是我可以在两星期内拿下它。"阿尔蒙德的预计更为准确。

美军要从两个方向向汉城推进：

第5陆战团渡过金浦北边的汉江，然后沿江边折向东去，从侧翼进攻汉城；第1陆战团夺取永登浦，然后在郊区北边立即渡江，加入第5陆战团的侧翼进攻；与此同时，将刚赶到仁川的第7陆战团也调到前线。

第5陆战团横渡汉江的进攻在9月20日打响。他们遭到来自江北一座小山上的自动武器和轻兵器的猛烈射击，但他们很快就冲破了朝鲜防守部队的后部，迅速切断了汉城至开城的铁路和公路，这样就截断了来自那个方向的补给和援军。然后，第5陆战团转向东去，遇到了越来越强烈的抵抗。他们沿着大致南北走向的一连串山丘，到达汉城的西边。

同时，第1陆战团沿着通道向永登浦前进。陆战队的火力几乎把朝鲜的一个整营士兵给消灭了：在陆战队的阵地前，横七竖八躺下了将近300具朝鲜人尸体。

阿尔蒙德看出夺取永登浦必有一场恶战，于是批准对郊区实施炮击和轰炸。轰炸持续了一整天。

永登浦的主力守城部队是朝鲜第9师第87团。当美军陆战队包围这座城市时，他们刚刚从洛东江前线到达这里。在战斗中，第87团被击溃。

另外，美军第7师向陆战队的南部运动，以便保护他们的两翼安全，阻挡从洛东江前线赶来的朝鲜军队。该师第32团进攻到距永登浦大约11公里的安养里时，被地雷阵拦住了去路，但是到了9

月 21 日下午，该师小分队攻下了安养里。这样，加上已经占领的永登浦，就切断了通往南部朝鲜军队的主要补给线。当所发生的事情透露过去时，朝鲜军队已经惊慌失措——他们的命脉被切断，离失败也就不远了。

到 9 月 22 日，第 7 师的部队在和朝鲜的坦克几次交火以后，攻占了水原机场。水原机场位于汉城以南 34 公里处，备有长达 1585 米的跑道。随着 C-54 飞机在此降落，美军获得了充裕的给养。

阿尔蒙德想尽快占领汉城，又派了一个韩军陆战营参加战斗。攻击沿着一条极为狭窄的地带向前进行：该地带不足 5 公里宽，这是一次正面进攻。

已经进入阵地的第 5 陆战团担任主攻任务，第 1 陆战团和第 7 陆战团在以后的阶段里也陆续投入战斗。朝鲜军队匆匆调兵，沿汉城西边的山头布防，挖了战壕和散兵坑，建立了协调火力区，并且部署了大炮和迫击炮。

尽管美军火力猛，但朝鲜军队凭着极其强悍的精神死死守住了阵地。

阿尔蒙德对陆战队的进展很不满意。9 月 23 日，他对史密斯尖锐地说，再给陆战队一天时间，对朝鲜军队进行正面攻击；要是还没有进展，他就把第 7 步兵师拉上去，从南边进行包抄。

9 月 24 日早上天刚一放亮，第 5 陆战团的 D 连和 F 连便在浓雾中跃出阵地，发起进攻。F 连到达一块高地，在高地的掩护下和

在汉城街巷作战的美军士兵

朝军轮番对射。然而连续两个小时，D连被对方的猛烈火力压住不能动弹。双方在投掷范围内，互相投掷手榴弹，都试图靠侧翼的运动打破僵局。双方都有很大伤亡。

为了打破僵局，陆战队的海盗轰炸机深入朝鲜军队的阵地，进行反复轰炸。在两次海盗式飞机的轰炸中，10架参战的飞机中有5架被朝鲜的防空火力击伤。战场变成了屠场。

下午，阿尔蒙德同史密斯、第7师师长戴维·巴尔和其他军官一道，在永登浦举行了一次露天会议。他指示第7师第32团，再加上韩军第17团，于第二天，即9月25日早上6点攻越汉江，进入汉城。

午后不久，第5陆战团D连的步枪排冲到了顶峰。

陆战队的出现完全出乎朝鲜人的意料。有些人朝着山坡的另一面跑了下去，也有一部分进行抵抗。不过，没多久战斗就结束了。朝鲜兵的尸体堆在散兵坑和掩体里，也有些散布在山坡各处。D连206人当中，伤亡176人，其中36人战死，其余负伤。

在这一系列的殊死战斗中，D连进行的是决定性的一战。这一战突破了朝鲜人在汉江以北的防线。从夺取的山头上，陆战队向北，向南，向东出击，都没有遇到多少抵抗。大部分朝鲜守军非死即伤，阵地上横七竖八躺有1200具朝鲜人的尸体。据陆战队估计，朝鲜军人被打死的总人数有1750人。他们的伤亡大部分是由空中打击、大炮和迫击炮造成的。

当第5陆战团的殊死决战还在进行的时候，第1陆战团于9月24日渡过汉江，形成了攻城部队的右翼。第7陆战团在第5陆战团的左翼向前运动，他们的任务是突破汉城北部的界限，封锁敌人向北撤退的道路。到达日本的第187空降团战斗队的一个营被空运到金浦，担任防守机场的任务，虽然附近实际上并没有任何朝鲜军队进攻机场。

第32团和韩军第17团将在距铁路和公路主桥以东5公里的山水里渡口渡过汉江。第一个目标是南山。南山高275米，是城里最高的山峰，从汉江江岸绵延3公里，直到城中心。城里的高楼在西边、北边和东边，把南山下部都遮蔽住了。这座山就像一把匕首，直刺汉城的心脏。

美国和韩国士兵的其他作战目标是汉城以东3到8公里处的山头，这些山头从东面居高临下，俯视着通往城内的铁路和公路。

一阵猛烈的大炮和迫击炮的轰击之后，第32团第2营登上专为渡江而运来的陆战队两栖战车。他们在江面上东摇西摆，随波翻腾，不过人员和装备都完好无损。步兵战士迅速登上并占领了南山，伤亡不大。朝鲜人完全没有料到第10军这一手，在南山只部署了少量的防守兵力。

第32团第1和第3营紧跟着攻击部队渡过汉江，然后调头向东，朝着最近的小山目标冲去，同时，韩国一个团的兵力随后向更远一点的小山目标挺进。经过一夜的进攻，该团占领了那座小山。

当第7师和韩军第17团从南面向汉城进攻的时候，陆战第1师正从西面向城内移动。在右翼的第1陆战团向北一拐，进入城内，直插主要商业区，而第5陆战团则从西北进城，大致朝着3公里远的政府大楼方向前进，从政府大楼再往里是长岛宫和皇家花园。

朝鲜军队指挥官已经得出结论，西部通道防御的削弱以及南山的失守已注定汉城即将失陷。他们很快将剩下5000人的朝鲜第18师调往北方。

一位空军观察员在夜幕降临前显然看到了朝鲜人向北撤退的迹

象，因为他报告说朝鲜人正涌出城外。阿尔蒙德立即发电给远东空军，请求他们投掷照明弹照亮公路，以便陆战队的夜战队员能够攻击这些溃逃的军队。一架 B-29 轰炸机迅速升空，在几个小时里投掷照明弹，陆战队的飞机在夜里对朝鲜的两个纵队进行了轰炸。

阿尔蒙德还发电给陆战师，命令他们"立即进攻"，尽量在朝鲜军逃跑时将其一举歼灭。史密斯对此提出异议，但是被告知要执行命令。然而，陆战队的进攻还没有动手，朝鲜军队一个加强营对第 1 陆战团展开了攻击，并派出一个加强连对第 5 陆战团也展开攻击。

陆战队员粉碎了这些进攻，并让朝鲜人遭受了严重伤亡。但是，朝鲜人的进攻阻止了陆战队的前进。在天亮时，陆战队的阵地还是昨天天黑前的阵地，几乎是原地未动。

朝鲜人在南山对第 32 团的反攻比对陆战队的反攻稍晚一点儿。但是，在凌晨 5 点，朝鲜人用坦克和大约 1000 名步兵发起了凶狠而猛烈的进攻。经过两个小时的激战，美国兵才得以成功。

第 32 团第 3 营从汉城向东行进，前往夺取制高点。在行进途中，他们在公路上与离开汉城向这个方向逃跑的一大队朝鲜人遭遇。L 连连长哈里·J·小麦卡弗里简直不敢相信自己竟然这么幸运，于是立即命令发起攻击。朝鲜军几乎被全歼：L 连打死了 500 名敌人，击毁 5 辆坦克，击毁或缴获 40 台车辆、3 门大炮、7 挺机枪，以及大量弹药、油料和衣物。麦卡弗里很可能摧毁了朝鲜的一个军一级司令部,这个司令部一直在指挥汉城防御战。麦卡弗里因此获得了银星奖章。

到了9月26日下午半晌的时候,汉城从西边、南边和东边都被堵死,第7陆战团正往北边运动,去堵住剩下的这个缺口。

虽然朝鲜的主力部队已经撤出汉城,而且麦克阿瑟声称汉城已于9月28日收复,但是争夺这座城市的战斗并没有结束。尽管美国在城内外部署有两个师的兵力,外加一个韩国团,但躲在街垒后面的朝鲜小分队是收复这座城市的巨大障碍。

除了小股的渗透外,汉城内的朝鲜人与城外已经隔绝开来。毫无疑问,联合国军对汉城的占领已成定局。但是攻陷汉城的战斗转而成为一系列残酷的小规模战斗,双方互有伤亡。在市中心的许多地方,通常是在十字路口,朝鲜人用路障把街道拦腰堵住。大多数路障齐胸高,用装满泥土的稻草袋和纤维袋筑成。从路障后面和两边,朝鲜人架起了反坦克炮和机枪,向街面扫射,使美国人的行动险象环生。其他朝鲜士兵躲在附近的大楼里,从门和窗户里朝外开火。在路障前,他们已经埋设了反坦克地雷。

陆战队和步兵战士很快就找到了攻破路障的办法。这个办法似乎是一个毁灭城市的方案。在摧毁路障的过程中,他们也一起摧毁了附近的建筑。当他们遇见路障的时候,美国军队就召来陆战队和海军的飞机,对朝鲜军队的阵地进行猛烈扫射,并发射火箭弹。随后,以迫击炮和大炮为主的火力将对方压得抬不起头来,掩护工兵引爆地雷。然后,由2到3辆中型坦克,通常是"M26潘兴"式坦克,迎着路障开去,摧毁反坦克炮和机枪,突破路障。随后而来的步兵对坦克提供保护,并消灭狙击手。有时候,突破一个路障要花上一个小时。战斗结束后,留下的是一片废墟,尸体遍地,烟火升腾。

9月27日下午3点零8分,第5陆战团G连沿着1公里长的光复门大道向北行进,到达政府大厦和国会大厦。他们迅速从大楼前狮子厅的两边摘下飘扬着的朝鲜的国旗,升起了一面美国国旗。除了零星的狙击手外,最后一支朝鲜军队乘着9月27日晚到28日晨的夜色潜出城外。到9月28日晚上,第1陆战团已经占领了一

汉城内的美军坦克

些山头，控制了向北通往议政府和铁原的道路。声势浩大的仁川登陆以彻底胜利而告终。

麦克阿瑟的威望急剧上升。杜鲁门总统发给将军一份电报，电文洋溢着真诚的祝贺。参谋长联席会议承认："您从防御到反攻的转变，计划周密、时机成熟、实施得力。"

9月29日，麦克阿瑟领着李承晚穿过欢呼的人群，向政府大厦走去。在那里，当着挑选出的韩国名流和美国高级军官的面，麦克阿瑟把李承晚领到讲台上，讲台的一边挂着美国国旗，一边挂着韩国国旗。麦克阿瑟看起来完全像个要给他宠幸的新王加冕的太上皇，亲自使李承晚回归到韩国的权力中心。

★关于仁川登陆战的评论

人们普遍认为仁川登陆是麦克阿瑟戎马一生中的"最佳时刻"。继麦克阿瑟之后担任驻朝联合国军总司令的马修·B·李奇微称赞麦克阿瑟是军事天才。他说："大胆的设想、专家级的周详计划以及作战行动中官兵表现出的无畏精神、凌人锐气和战术技巧使得仁川登陆成为军事史上的经典佳作。"